河谷史夫
Kawatani Fumio

本に遇うIII

持つべき友はみな、本の中で出会った

言視舎

本に遇う Ⅲ＊目次

2011年

2012年

本に遭う　Ⅲ

持つべき友はみな、本の中で出会った

2011年

「むかえびと」比佐子よ

この世は縁である。

まん丸であれ、いびつであれ、人はそれぞれに円を描いて生きているが、円と円とが交わったり接したりして、そこに縁が生じる。時代を問わない。世紀を異にしていようと、縁ある人とは友になれる。隣家に住んでいようと、縁なき衆生とは永遠に相知ることはない。

縁とは運命の別名である。

黒岩比佐子には十年ほど前に会った。むのたけじさんから「黒岩なる人が訪ねて行くからよろしく」と電話があった。わたしが新聞へ行くことにしたきっかけの一つに、むのさんの『たいまつ十六年』を読んだという縁がある。

彼女は出したばかりという伝書鳩を主題にした本を抱えて現れた。資料を集められるだけ集め、選び、考え、述べるという方法は最初から確立されていて、著書は面白い出来だったから新聞の書評欄に書いた。

もの書きとして自分の世界を守っていくのは、けっこう大変だと言っていた。それから、むのさんへの敬愛の念を熱っぽく語った。

むのさんは記者として戦争協力の記事を書いた責任を取ると言って敗戦の日に朝日新聞を辞め、郷里に近い横手へ引っ込んだ。週刊新聞『たいまつ』を出し、戦後という時代に絶望的な洞察を加え、にもかかわらず希望を語り続ける姿勢に、彼女は何か決定的な影響を受けているに違いなかった。

その後、本を出すたびに送ってきてくれたから、着実な仕事ぶりの詳細は承知していた。歴史の霧の中に消えてしまったような人を呼び返して見せる手妻は「おくりびと」ならぬ「むかえびと」だとからかったことがある。

「食道楽」の村井弦斎を掬い出し、「編集者」としての国木田独歩を引き出し、そうして今度は「売文社」の堺利彦である。

およそ忘れ去られ、思い出してももらえなくなった人たちが、彼女の手にかかると一気に生気を吹き込まれ、きのうきょう、そのへんを歩き出すのである。

わたしは若年時、たしか雑誌『展望』に載った木下順二の戯曲「冬の時代」を読んで、そう呼ばれる時代があり、売文社という結社があり、堺利彦という人が切り盛りしていたらしいことは、ぼんやりと知っていた。だがそれはただそれだけに過ぎず、売文社が今日でいう編集プロダクションみたいなものであったこと、堺が何とも魅力に富んだ工作者であったことを、この『パンとペン』で今さらながらに教えてもらった。

堺は一八七〇年、豊前豊津の生まれ。貧乏士族の子で学歴をつけて政治家を志すが、第一高等中学校にせっかく入ったのに酒と女に目覚め、学業をおろそかにしたため挫折。志を文学に転じて「枯川」と号して小説を書き、新聞社を出たり入ったり、また出たりする。鷗外に認められる作品をものし、文壇に躍り出る夢もまんざらでなかったが、酒と女狂いはやまず、低徊しているよりなかった。

両親が亡くなり、兄が死に瀕したとき、回心が来る。放埒な生活を改め、禁酒し、論語と孟子を読み、かつて迷惑をかけた人々と和解して再出発するのである。

門閥はなく、学歴も中途半端、むろん金もない。そういうのが食いぶちを得るとしたら、「羽織ごろ」と言われた新聞記者になるよりなかった。「萬朝報」か「報知新聞」かと迷った堺は「萬朝報」を選び、そこで幸徳秋水と刎頸《ふんけい》の交わりを結ぶことになる。以後、社会主義者として堺は大逆事件から冬の時代へと突き進んで行く。

もし、「報知」にしていたら、そこには国木田独歩がいた。二人は意気投合したはずだ。「独歩を通じて田山花袋や島崎藤村らと親しくなり、堺は社会主義者ではなく、自然主義作家の一人として文学史に名前を残したかもしれない」と、著者は想像するが、それもまた縁の有無であったろう。

日露戦争に際して幸徳秋水とともに「萬朝報」を去った堺は「平民新聞」に拠って非戦論を持した。「秋水を社会主義の団子を円める人にして枯川は其餡を煮る人也」と言われた。ウィリアム・モリスの「理想郷」を抄訳し、マルクスとエンゲルスの『共産党宣言』を翻訳し、幾度も発行停止になり、新聞紙条例違反で発行人兼編集人の堺は投獄される。

明らかな冤罪であった大逆事件で幸徳らが逮捕され、二十四人に死刑判決が下り、十二人処刑、特赦で十二人無期懲役となった。このとき、堺と大杉栄が免れたのは、二年前、突発的に起きた赤旗事件に巻き込まれて重禁錮に服していたからである。いったん逃れたとはいえ、十三年後の関東大震災のとき、大杉は憲兵に虐殺された。同じく日ごろから狙われていた堺は震災のときも獄中にいて命を拾う。これもまた縁であった。

大逆事件の一九一〇年からざっと十年を「冬の時代」と呼ぶ。「おれの一ばんきらいなのは、社会主義と早稲田大学だ」と言ったという山県有朋以下為政者によって社会主義は徹底して弾圧された。

このとき堺は「売文社」の看板を掲げる。「商標」は食パンに万年筆を突き刺した図。それは「生計を立てるための組織であり、同志たちの貴重な交流の場であり、若者たちの教育の場でもあった」。そうして官憲に対して猫をかぶり、運動の炬火をかざすことのできる日の到来を待ったのである。

「冬の時代」のあとに、だが「春の時代」は来ない。それどころか国を挙げて愚かな戦争へのめり込んでいく。地鳴りを耳にしつつ、堺は世を去った。一九三三年一月二十三日、六十二歳。涙もろく、面倒見がよく、いつもユーモアを忘れず、家族思いで勉強家だった男が、ここに見事に生き返った。

身代りに、作家は二〇一〇年十一月十七日、五十二歳の生涯を終えた。思えば、黒岩比佐子は過去と現在をつなぐ伝書鳩だった。「成績の悪い鳩ほど長生きし、よく働く鳩は短命だった」と、旧著にある。いかにも比佐子よ、君はよく働いた。駆け抜けた十年余を短すぎたとは言うまい。漱石だって作家生活は十年だったのだから。

●『パンとペン――社会主義者・堺利彦と「売文社」の闘い』（黒岩比佐子著、講談社、二〇一〇年）▽『伝書鳩――もうひとつのIT』（同、文春新書、二〇〇〇年）

順番を待ちながら

昔は立派な風貌の老人がいた。若いころ、そういう人に接すると、当方にはおよそ縁なき悟りの境地に達しているに違いない、と信じて疑わなかったものである。

いざ自分が年を取ってくると、何たることか相も変わらぬ阿呆面に加えて未熟なままの心根の様に、我ながら恐縮するほかない。

年齢というものについてはあんまり意識過剰にならぬように参ろうよ、というようなことを年明けの「読売」で編集手帳子が述べていたが、年齢といえば四十歳というあたりが節目だろう。

孔子に有名な言がある。

「吾れ十有五にして学に志す。三十にして立つ。四十にして惑わず。五十にして天命を知る。六十にして耳順がう。七十にして心の欲する所に従って、矩を踰えず」

四十歳は本来「初老」だ。人生八十年の半分は老いの坂である。

兼好法師も四十歳にこだわった。

「命長ければ辱多し。長くとも、四十に足らぬほどにて死なんこそ、めやすかるべけれ」

長命すると、名誉や利益をむやみに貪り欲しがり、実にあさましいとにべもない。もっともご本人は四十、五十どころか七十歳を越えるまで長生きした。

四十歳に拘泥した男をもう一人知っている。ドストエフスキーが書いた「地下生活者」だ。彼は「私はいま四十歳だ」と告白した。

「これはもう定命だ。たいへんな老齢といわざるをえない。四十年以上も生きのびるなんて無作法だ、卑劣だ、不道徳なことだ」と自分で自分を罵っている。

四十歳ではもう一例が浮かぶ。

漱石最後の小説『明暗』で、主人公津田由雄が主婦である叔母と会社の重役の妻でおせっかい屋の吉川夫人を見比べるくだりだ。

ともに四十歳を少し出たくらいなのだが、「何時でも此叔母と吉川の細君とを腹の中で比較した。さうして何時でも其相違に驚ろいた。同じ女、しかも年齢のさう違はない二人の女が、何うして斯んなに違つた感じを他に与へる事が出来るか」と疑問に思う津田と叔母との間にこんな会話がある。

「叔母さんは相変らず色気がないな」

「此年齢になつて色気があつちや気狂だわ」

津田は吉川夫人に色気を感じているわけだろう。『明暗』は未完に終わったが、もしかして津田が吉川夫人に誘惑される場面があるのかも知れないと言ったら、謹厳なる漱石先生に叱られるか。

四十の次は五十、六十の折り目が来る。

漱石は四十九歳で、ドストエフスキーは六十歳で死んだ。

こちとらただ馬齢を重ね、六十を越えて年齢を意識するのは医者へ行く時である。高血圧、高コレステロール、白内障、高眼圧、アルコール性脂肪肝……と、持病を抱えて医者通いが欠かせない。

さらに突発があった。

玄関に掛けた額が落ちかけた。椅子に乗って手を伸ばし、指先で戻そうとしていたら、留め金が外れていきなり落下、額に当たった。「額が額に」なんて洒落にもならない。見ると血が噴き出している。驚いて近くの大学病院へ行った。

脳神経外科である。初めてCTを撮られて頭の中が空っぽだと知ったが、医者が言う。

「お酒を呑みますか」「ええ」「どのくらい?」「かなり」「頭を打って、酒が入ると、高齢者の方はときに、浮腫ができることがあります」「ほう、するとどうなります?」「物忘れが激しくなります」「なるほど」「もし変調があれば、すぐ来てください」

おれは高齢者だ、と認識した。

浮腫は生じず、脳神経外科再訪はなかったが、日ならずしてまた大学病院へ行くはめになった。帯状疱疹を発したのである。今度は皮膚科だ。三十代のころ、罹ったことがある。子供時代の水疱瘡のウイルスが免疫力の落ちたときに暴れ出し、神経に沿って痛みが走る。そのころ何かの事件取材に関わって疲労の極度にあった。

一度やれば抗体ができて一生大丈夫と聞いていたが、どうやら抗体の寿命が当方より先に尽きたらしい。「二度、三度と出る人が珍しくありません。まあ、老齢化のゆえですね」と若い女医に言われた。

大病院で苦痛なのは、待たされることだ。一時間と言われれば二時間、二時間とあれば三時間は覚悟しなければならない。みなぐったりと廊下のソファーに寄り掛かって、壁の電光板に出る番号をひたすら待っている。受付でもらった番号がここでは固有名詞である。

「中待合へお入り下さい」の囲みに番号が出たら、中廊下へ入り診察室前の「中待合」で待つのだが、これがなかなか出ない。往時芸者を呼んで遊んだり、大っぴらにできない関係の女と密会したりの場所を待合といったが、「中待合」というのもあったのかしらん。

番号は順番通りではない。予約の有無、検査の有無等々で「１２５４」のあとに「５２８５」、そのあとに「３６８」と続く。誰しも自分の番号にしか関心はない。

こいつを見つめているうち、三途の渡しの渡船順もこんな具合だろうかと思えてきた。いずれ人は死ぬが、生まれた順に死んではいかない。早いか遅いかは神のみぞ知る。この世からあの世への切符はあちらが勝手に切るのである。

神様のほうは気分次第、無作為に番号を打ち出すだけに見える。思いがけないときに番号が表示されて、どうしていま自分は死ぬのかと悩んでも詮無い。病院でおれの受付番号はなぜ出ないのかと焦っても詮無いに等しい。

死を望んでも番号が出なければ、こちら側にいるほかはない。生きていたくても、呼ばれたらそれまでだ。生きるも死ぬもあなた任せ。せめて最期は見苦しくなく過ごしたいが、日常の心がけのせいでそうは問屋が卸さない恐れがある。

あれは誰だったか、我らみな死刑囚で、この世という刑場に繋がれ、ただ呼び出しを待っているばかりなのだと言った人がいた。ドストエフスキーだったかと思い、探したけれど、いま見つからない。

物忘れが激しい。さては脳に浮腫ができたのかも知れない。

●『漱石全集第十一巻　明暗』（岩波書店、一九九四年）▽『ドストエフスキー全集第五巻　地下生活者の手記』（筑摩書房、一九六〇年）

「葬儀無用」と高峰秀子

ＮＨＫ朝の連続ドラマは父親の影が薄いことを特徴とするが、今の「てっぱん」に至っては、端から「父無し子の物語」である。

尾道に流れてきた若い女が父無し子を産み、すぐに死んだ。人の好い夫婦のもと実子同然に育てられた娘が、自分は養女だったと知る。偶然に実母の母と出会い、その祖母の住む大阪へ出て、お好み焼き屋になる。そこにまた「父無し子」を宿した女が転がり込んで——と父親不在に徹している。

猿の国で子を産み育てるのは母猿の仕事で、用済みの父猿はどこかへいなくなるそうだから、ＮＨＫの連ドラはあえて遠いご先祖様の生態を今に蘇らせ、見せてくれているのかも知れない。猿は気にしないだろうが、人だと人工授精の子が「父を知る権利」を主張するというご時世だから、いずれ主人公は「不在の父」のことに悩むに違いない。

親がいないのも苦労の源だけれど、いすぎて厄介な人生もある。

元旦の新聞は、女優高峰秀子の訃を報じた。旧臘二十八日に八十六歳で他界していたという。「葬儀は一切無用」との遺言があったとは彼女らしいと思った。

この人にはあるとき親が六人もいて、「親の不在」とは逆に「親の過剰」に悩まされたことが、『わたしの渡世日記』と題された自叙伝に出てくる。五十代に入ったころの作品で、見事な文章であけすけに子役時代から大女優と称されるまでの半生を記している。

日本経済新聞文化欄の呼びものである「私の履歴書」に散見されるように、自伝というのは自己弁護と自己美化に終始しがちだ。およそろくなものはない。しかし高峰秀子のものは、福沢諭吉と並んで読むに値する。

実父の妹に子がなく、生まれる前からの約束で秀子は叔母の養女にされる。叔母には連れ合いがいて、五歳のときこの養父に連れられて松竹蒲田撮影所へ行き、女の子の行列の最後に立たされた。それは野村芳亭監督『母』の主役審査の場だった。「でぶ」の監督は秀子のところにきて立ち止った。

「思えば、その日が私の人生の『運命の日』であった」

「女優高峰秀子」の誕生である。子役から大人の俳優に大成したのは、ハリウッドではシャーリー・テンプル、日本では高峰秀子と世界にも二人にとどまる。あとは消えていった。たぐい稀な資質と忍耐力。だがそれだけでは足りまい。何らかの代償と引き換えに、栄光は成立したものだろう。

高峰秀子は幼くして一家の稼ぎ手にされた。次々と映画出演の話が舞い込んでくる。「猿まわしの猿」と自嘲しているが、学校へも満足に通えず、掛け算割り算もできず、漢字も覚えられず、同年輩の友だちが誰一人いない。

そういうことは、他の子役にも大なり小なり降りかかる災難かも知れない。彼女に独自の災難は、家族、ことに親子関係の複雑さということであった。

十歳のときであった。東海林太郎夫妻が「秀子を養女にしたい」と言い出したのである。思いもよらぬご執心で、間に立った作詞家藤田まさとが「そんなに一緒に暮らしたいなら親子三人とも引きとったらどうだ」と言ったのがきっかけで、養父を残して養母と秀子は東海林太郎の家に移り住んだ。夫妻は秀子に「秀坊は今日からうちの子になったんだよ。僕たちを、お父さん、お母さん、と呼ぶんだよ」と宣した。養母の荷物はさっさと女中部屋に運ばれていた。

「さあ大変、ややこしいことになってきた。私は今まで養父母を『とうさん、かあさん』と呼んでいたから、なんとか区別はつくというものの、実の父と、養父と東海林太郎、そして実の父の後妻と、養母と東海林太郎夫人ときては、私には『父三人』、『母三人』という、六人の親が入り乱れて存在し、どちらを向いても『親だらけ』になってしまったのである」

この異常事態は二年後、秀子が養母をせきたてて東海林家を出ることで終息するが、一家の支えが少女であることに変わりない。親戚も含め十人からの「家族」を養うために、彼女は身を粉にして働き続けなければならない。

天才子役とはやされ、大人からちやほやされる。しかし家庭的な愛情に浴することのなかった高峰秀子は、人知れず劣等感に苛まれ、いびつな心を抱えざるを得ず、それでも大女優になっていく。養母との葛藤、黒澤明との淡い恋、二十歳も年上の男にひきずられた「色と欲との二筋道」、そして松山善三との出会い。愛憎に満ちた半生を、突き放したように明かす。

初出は一九七五年、『週刊朝日』の連載であった。朝日新聞社友で旧知の扇谷正造が現れ、せかせかと「昭和五十年記念プランのエッセイ、週一回、四百字詰め原稿用紙十枚以上、期間一年」と告げた。「書けないよ。空疎無内容だもの」としぶる女優をその気にさせてしまう。往年の名編集長として知られる眼力に狂いはなかった。

「ゴーストライターがいたのだろう、とか、ダンナに書いてもらったのだろう、と、テンから信じていた人もあったようで、将棋の升田幸三サンに至っては、私の顔を見るなり開口一番、『朝日もよく調べて書いとるなア』ときたのには、私はビックリするより先にガックリした」

五十代で引退し、女優は世間との付き合いを断つ。だが敬愛する梅原龍三郎が「葬式無用」という遺書を残して没したのち、珍しく新聞のインタビューに応じた。そして「みんな捨てた」と「人生の店じまい」について語っている。

「好きな人間とわずかの本と梅原先生の絵が一枚あればよい」「捨てなきゃ人間新しいもの手にできない」「お金もいらない、有名もいらない、欲しいものない、いい亭主いる」「私が消えたらすべての痕跡が消えるのがいいのよ。残すものなく、だれか家にきて引きだし開けてもみんな整理されているという状態にしてある」

そのとき六十三歳。以来、死の準備万端を終えたのであろう。

やおら高峰秀子は去っていった。

●『わたしの渡世日記』上下（高峰秀子著、文春文庫、一九九八年）

一寸先は闇である

一寸先は闇、というのはたしか寝業師といわれた自民党副総裁川島正次郎の名言であった。これは百鬼夜行の政界だけに限らない。未来へ向かっては後ずさりするほかない人間にとって、人生万事何事が起きるかは思慮の外にある。

みっともない話ながら、二月半ば、雪道で転倒した。

真後ろに倒れて後頭部をしたたか打ち、首がしなうように前後、というか仰臥した状態なので上下するのを意識した。ぐっとつまったような瞬間を経て、起き上がろうとしてすぐに起きることができない。両腕と掌が痺れて、チリチリチリと痛い。

整形外科へ行ったら、レントゲンを撮られ、横手のかまくらみたいなＭＲＩに入れられたうえで、「中心性頸髄神経損傷」との診断であった。身内に神経があると初めて実感する。「痺れはすぐには取れません。一カ月から四カ月、完全に消えないこともあります」と医者は事務的だ。「安静にして、外出はしないほうがいいでしょう。パソコンは前傾姿勢がよくない。酒？　むろんダメです」。

――というので、首輪姿で横たわっているほかない。「予定」をすべて取消した。

することがない。ラジオを聴いていた。聴いて分かったことは、ラジオとは新聞に依拠することといかに大かということであった。

どの局も早朝と夕方はニュースとコメントのオンパレードだが、話題のもとはおおむね新聞記事である。某紙の「特ダネ」を引用するのは勝手だが、それが本当なのかどうなのかの検証は抜きだ。

石原慎太郎が都知事選には出ないらしいとどこかが報じれば、それについて分かったようなことを言う。後日いや出るらしいと他紙が「特ダネ」を出すと、今度は一転気のきいたようなことを言う。ああ言えばこう、こう言えばああ、の典型だ。自分で取材しておらず、ただ風の噂に吹かれているカミサンたちの井戸端会議に過ぎないやりとりばかりなのは情けない。

週代わりで出てくるコメンテーターというのがまた不思議な存在である。国際政治学者だの経済専門家だのもっともらしい肩書が並ぶが、何でもかんでも承知之助とばかりに喋るところがうさんくさい。

ひとり文化放送の木曜の朝に出てくるアーサー・ビナードというコメンテーターには瞠目した。細かなことは聞いた先から忘れたが、達者な日本語で米国の傲慢さを叩き、日本政府の不甲斐なさを嘆く。「思いやり予算なんていうのはおかしい。あれはぶったくり予算だ」などと語る言葉のいちいちがもっともだ。聞けば「詩人」だという。

あれ、もしかして、とふと気がつきごそごそ寝床を抜け出し、探したら『日本の名詩、英語でおどる』が出てきた。ビナードの作である。おや、何だ、君だったのかい、と何となく懐かしい。

萩原朔太郎をはじめ二十六人の日本詩人の詩を英訳した本である。

例えば朔太郎「旅上」の「ふらんすへ行きたしと思へども／ふらんすはあまりに遠し」を「France is where I'd like to go,/but France is so far away…」と訳して、ビナードは、日本語の「『フランス』と『ふらんす』とでは、微妙に雰囲気が違う。『仏蘭西』という当て字もあり、これまたイメージが変わってくる」と注釈する。

どう書くかを選べるのが「日本語の妙味」である。朔太郎の「ふらんす」は具体的な目的地を指すよりも、「旅そのものへのあこがれ」で、地図上の距離に空想と現実との距離も加わって「あまりに遠し」となる。フランスには「ひらがな表記がぴったり合う」のである。

以前感心しつつ一読したものをいま自由を制限されて再読しながら、この米国詩人の言葉に対する感覚の妙味を味わった。

茨木のり子によって人種差別の「愚の骨頂」を突き、山之口貘を「二十世紀最大の知性の詩人」ポール・ヴァレリーに比し、黒田三郎でベトナム戦争を論じて、「米政府は宣戦布告せずに、ジュネーブ協定と国際法を無視して軍事介入を行ったのだから、実際は『ベトナム侵略』だ」と断じる。話頭は「湾岸戦争」から「イラク戦争」へと及ぶ。日本語の厳密な語法を一つひとつ教わるような趣に、つい手の痺れを忘却できた。

ビナードの関心は広範で、中原中也から柳原白蓮、金子光晴、与謝野晶子に堀口大學、そして反戦の川柳作家鶴彬まで読み解く。

鶴の「屍のゐないニュース映画で勇ましい」は、「The men look brave on the newsreel with all the corpses edited out.」だ。

「現代とぴったり重なる。『屍のないニュース』にだまされてはならない」とは、そのとおりである。

つれづれなるまま、松本清張や藤沢周平を読み散らしているうち、だんだん痺れも減じてきた。「酒？ 少しなら」と医者の許可が出て、あな、うれしやと今夜一杯のつもりだった三月十一日の午後、マグニチュード9・0でグラグラッと揺れた。

埋め立て地の宿命で、液状化が来た。水が止まり、ガスが止まり、下水道が不通。電気はつくが、気がつくと、おや、家が傾いている。

一寸先は闇である。

あたかもビナードが訳した石原吉郎の「世界がほろびる日に」が脳裏に去来する。

「世界がほろびる日に／かぜをひくな／ビールスに気をつけろ／ベランダに／ふとんを干しておけ／ガスの元栓を忘れるな／電気釜は／八時に仕掛けておけ」

ビナードはこう注釈していた。

「遅かれ早かれ東海地震が発生するだろう。しかしいつグラッとくるのかは、だれにも分からない」

東海の先に三陸沖で起きた。予知など出来なかったのである。大津波で犠牲者は万単位。さらに福島原発の追い打ちである。ビナードはラジオで今すぐ原発依存を止めるべしと言っていた。

新聞に〈原発のともす灯一寸先は闇〉という川柳があった。「非常事態宣言」の段階であろうに、菅政府も東電も後手へ後手へと回っている。最大不幸の到来ではないか。

●『日本の名詩、英語でおどる』（アーサー・ビナード著、みすず書房、二〇〇七年）

傾いた家で悠々を読む

三・一一以後、日本の変容にも似て、わが家において、わがなけなしの信用と権威が地に落ちた。

「おれの生きているうちに大地震は来ない」と公言していたものだから、家人の見る目が冷たくなった。予想は外れるためにあると持論を述べても聞く耳を持たない。

また日ごろ「おれは世界のことを考えているのだ」と威張っていたのだが、断水、ガス停止、下水道不通の「在宅難民」を三週間と二日強いられていた間に、世界の考察は生活実務に何の効用もないことが暴露されたのである。

当日、揺れが収まって表へ出たら、地面のあちこちから黒々と水が噴き出ている。下水管が破れて流れ出た汚水かと思った。それが液状化による泥水だと気づくのにしばらく間を要した。黒い水の噴出は数時間続いた。むかし別府で見た坊主地獄を思い出した。

気がつくと、家の周りは黒泥で囲まれている。ゴム長靴がズボッとはまると抜けない。一、三十センチの層を成している。軟弱な地盤の水分が出てきたわけで、沈下した分に応じて家が傾いている。向こう三軒両隣もご同様だ。

四分の三が埋め立て地の浦安だが、怪しいことに場所によってびくともしなかったところがある。埋め立てた土砂の性質によるのか地盤強化の方策の違いなのか。

快食、快眠、快便というが、調理ができない、余震が来る、風呂も沸かせない。何より困ったのは糞尿の始末で、家人がかねて用意の「便袋」が役立ったが、長期戦になって友人に追加急送してもらった。しかしトイレシャワーの便利さに慣れた身には辛い。

東北の惨状に比べれば、家が流れたわけではない。人が死んでもいない。避難騒ぎもない。新聞、テレビは初め無関心であった。報じられなければ、何事もないに等しい。テレビが映しはじめたのは十日ほど経てからである。

割れた路面、むき出しの土台、掻き出された黒い泥土の山、飛び出したマンホール、斜めになった交番、前のめりのコンビニ……。

とたんに遠近の知り合いから電話がかかる。メールがくる。「全財産傾けた家が本当に傾いてね」と言っても冗談だろうと思われる。頭をよぎったのは桐生悠々の言葉であった。「だから、言ったではないか」――。

むかし海であったと承知の地に住んでいたのである。地震で液状化するとは言われていたことである。こうなったことに不思議はない。いやなら縄文時代からの山地に棲家を求めるべきだったのである。液状化を今さら悔やんでも詮無い。悠々なら「だから、言ったではないか」と言うだろう。

この言葉を悠々が痛恨を込めて書きつけたのは、二・二六事件後のことである。その三年前、信濃毎日新聞主筆として「関東防空大演習を嗤ふ」と論じて軍に痛棒をくらわした。木と紙で出来た家並みが空襲を受ければ燃やされておしまいだ。防空演習などするよりも関東の空に敵機を迎え撃たないようにせねばならない、と至極もっともなことを言ったのである。

それで軍部ににらまれ退社を余儀なくされた悠々は、個人雑誌『他山の石』に籠もって軍と対峙する。

「だから、言つたではないか、国体明徴よりも軍勅明徴が先きであると。／だから、言つたではないか、五・一五事件の犯人に対して一部国民が余りに盲目的、雷同的の賛辞を呈すれば、これが模倣を防ぎ能はないと。／だから、言つたではないか、疾くに軍部の盲動を誡めなければ、その害の及ぶところ実に測り知るべからざるものがあると」

ちなみにわたしは復刻された『他山の石』全四巻を所持していて、思いついては開く。言論人の多くが軍部に屈服して物言わなくなっていった時代、一人敢然と言うべきことは言うという態度を持した悠々の、これは遺言集である。

「だから、私たちは平生軍部と政府とに苦言を呈して、幾たびとなく発禁の厄に遇つたではないか。／国民はこゝに至つて、漸く目さめた、目さめたけれどももう遅い」

予想の的中を悠々は望んでいたのではなかった。予想どおりになったことの痛憤が、行間から噴き出している。「目さめたけれどももう遅い」。時局は戦争へとなだれ落ち、後戻りはきかない。日本の悲劇は、転落を食い止める要路の人がいなかったことである。何かしら今度の福島原発事故で、テレビに出てくる当事者の皆一様にうつろな顔つきが重なってくるのを如何ともし難い。

悠々は「言ひたい事と、言はねばならない事とを区別しなければならない」とも述べた。

「私は言ひたいことを言つてゐるのではない。徒に言ひたいことを言つて快を貪つてゐるのではない。言はねばならないことを、国民として、特に、この非常時に際して、しかも国家の将来に対して、真正なる愛国者の一人として、同時に人類として言はねばならないことを言つてゐるのだ」

原発大事故という「この非常時」に、テレビにその道の専門家というのが大勢出てくる。いずれもが政府や東電の代弁者のようで、「人類として言わねばならないこと」を言っているとはとても思えない。

ありゃ何だ、「ただちに健康に害はありません」という政府発表を追認するばかりのテレビは大本営発表と変わらないじゃないかと批判する向きがあったが、同感である。

過去にさかのぼって、原発に対する言論報道機関の基本姿勢というものが問われるのは必定だ。戦争責任にも似て、「フクシマ責任」が云々されよう。新聞が原発推進の旗振りを務めてきたのは事実だからである。国策に抗して「言わねばならないこと」を言おうとした科学記者がいた。しかしいつか国策迎合派によって第一線から排斥されたと聞いたことがある。

傾いた家で暮らしていると、どだい乏しい平衡感覚が狂う。視覚もおかしくなるのか、テレビに映る首相菅直人の目がおどおどして、焦点も定まらぬように見えるけれど、あんなのが首相で大丈夫であろうか。

●『復刻版　他山の石』全四巻（不二出版、一九八七年）

傾いた家で荷風を読む

大正十二（一九二三）年九月一日、東京には朝から強い風が吹き、時折煙のような雨が降った。

永井荷風は麻布市兵衛町崖上の偏奇館に在り、『嚶鳴館遺草』を読んでいた。江戸中期、米沢藩主上杉鷹山の師として知られた儒者細井平洲が治世の骨法を語り、道徳の主眼を述べた随筆集である。五日前に九段下の古書肆松雲堂で求めたものであった。

午前十一時五十九分、衝撃が来て、「架上の書帙頭上に落来」り、荷風は驚いて立ち上がった。窓を開くと、外は「塵烟濛々」として、あたり一面見分けがつかない。おんなこどもの声、鶏に犬の鳴き声がしきりに聞こえてくる。

自分も外へ出ようとした。そこへ大地がまた震動した。本を手にしたまま庭へ出る。数分後またまた震動。続く余震。断腸亭主人は戦々恐々として過ごすのである。

大作家に比するもおこがましいが、わたしも戦々恐々として消光している。東北沖からの余震もなかなか収まることがない。しかも連日、被災状況の深刻さに加えて後手、後手へ回る政府の政治主導の不首尾が伝えられるから、気分も定まらない。世界最悪といわれる液状化を来した町の傾いた家で、書棚から引き出して読んでいるのは『断腸亭日乗』である。

荷風宅が「屋瓦少しく滑りしのみにて窗の扉も落ちず」程度で済んだのは祝着であった。恐る恐る偏奇館を顧みて「稍安堵の思をなす」とあるのに安堵する。

無事だった偏奇館を頼り来る人がいた。河原崎長十郎一家をはじめ知人夫婦、その知人と、人嫌いの荷風も応接に暇がない。一方で、「西大久保に母上を訪ふ」たり、「塩町郵便局裏木原とい ふ女の家を訪ひ、夕餉を食し」たりと、外出もしきりである。

被災地の不快事は、当面風呂に入れないことである。九月半ば、「麻生谷町通風呂屋開業せり」と聞いて出かけている。「心気頗爽快を覚ゆ」とあるのには同感だ。

「女好き」らしく偏奇館に転がり込んで来た別嬪に「野心漸く勃然」として、彼女をこのあと一年ほど囲うことになる。あるいは神楽坂の「馴染の一酒亭に登り妓を招きて一酌」している。「勘定は凡て前払いにて、妓は不断着のまゝにて髪も撫付けず、三味線も遠慮してひかず、枕席に侍する事を専とす。山の手藝者の本領災後に至つていよ〳〵時に適したり」と、いかにも冷ややかに見ているところが荷風らしい。

そして大震災一カ月を過ぎた十月三日の項である。

外出した荷風は坂上から広がる焦土を見て、「帝都荒廃の光景哀れといふも愚かなり。されどつら〳〵明治以降大正現代の帝都を見れば、所謂山師の玄関に異ならず。愚民を欺くいかさま物に過ぎざれば、灰燼になりしとてさして惜しむには及ばず。近年世間一般奢侈驕慢、貪欲飽くことを知らざりし有様を顧れば、この度の災禍は実に天罰なりと謂ふ可し。何ぞ深く悲しむに及ばむや」と記す。さらに「民は既に家を失ひ、国帑亦空しからむとす。外観をのみ修飾して百年の計をなさゞる国家の末路は即此の如し。自業自得天罰覿面といふべきのみ」と言い捨てる。

東日本大震災を東京の知事が「天罰」呼ばわりした。「日本人のアイデンティティーは我欲。津波を利用して我欲を一回洗い落とす必要がある」とも言ったそうである。これに宮城の知事が「被災者がいることを考えて欲しい」と抗議した。石原慎太郎もまずかったと思ったのか、「言葉が足りなかった。深くお詫びする」と撤回した。政治と文学と二足のわらじを長らく履いているくせに、言葉が軽い。

その石原を厳密にとがめる言論報道機関がほとんどなかったのはなぜだろう。どだい失言癖老人だから仕方ないということなのか、あるいは災害の本筋を追うに忙しく、いちいち一地方政治家の妄言など構っていられなかったか。

しかし政治家にはいつの時代も似た言動をする輩がいるものだ。

民俗学者柳田國男は関東大震災の報にロンドンで接し、折しも万国議員会議に列席していた衆議院議員らと大使邸で同席した。そのとき年かさの代議士が「これは全く神の罰だ。あんまり近頃の人間が軽佻浮薄に流れていたからである」などと口にするのを聞いた。

よほど腹にすえかねたのであろう。柳田は反論して「狭苦しい町裏に住んで、一命を助かろうとした者の大部分は、むしろ平生から放埒な生活をなしえなかった人々ではないか。彼らが他の碌でもない市民に代わって、この残酷なる制裁を受けなければならぬ理由はどこにあるのか」と弁じた。

その代議士が石原のように発言を撤回したかどうかは知らない。

それにしても、暮らしの場を焦土とされた帝都庶民のことを異国から「軽佻浮薄」と難じたり、東北人が大津波に人生を根こそぎ持っていかれたのは、その「我欲」に問題があったためだと言ったりする資格が政治家にあるのか。

旧約聖書によれば、人間の悪徳に怒りを発した神は、ソドムとゴモラに硫黄の火を降らせて滅ぼしたという。神ならば、天災を被った人間に向かって「これは天罰だ」と告げる資格はあるであろう。

佐野眞一が心の底から怒っていた（雑誌『ちくま』五月号）。

荷風が「天罰」と記したことを引き、しかし「こんな傲慢な言い草が許されたのは、荷風が世間から相手にされない〝世捨て人〟ということを誰よりも自覚し、後世に残る傑作を書いたからで、おまえのようなロクな小説も書けない権力の我利我利亡者が『天罰』云々を言うのは、百年どころか千年早い」と石原を罵倒している。

罵倒されて当然だ。

念のために付け加えれば、大っぴらに「天罰」と公言した石原とは違い、荷風はひそかに日記にそう書きつけただけである。

傾いた家に暮らしていると、平衡感覚が生じてくるらしい。従って、ごく当たり前のことしか言えないのは遺憾だが、荷風は今なお幾度も読み返すに足る。石原慎太郎なぞはおよそ再読に耐えない。

●『新版断腸亭日乗第一巻』（永井荷風著、岩波書店、二〇〇一年）

自分の形を守ること

「人生はジグソーパズル」というのが、精神科医中井久夫の観法なのだと、雑誌『サライ』七月号のインタビューを読んで知った。

中井は三十二歳のころ、学者か行政職か臨床医かの岐路に立ち、臨床医を選ぶのだが、自分をジグソーパズルのピースのように考えた、というのである。

「ちょうど嵌まる空きがあったら行く。形を変えてまで自分を押し込もうとは思わない」

中井の実務的な文章の底に流れる清々しさの源は、この潔さに発しているのだと合点した。「自分の形」を大事にしたくとも、嵌まりそうにないときはどうするか。ところを得ないと知れば自ら退く。それは潔さというものだろう。

カメレオンのごとく色を変えて生きて行く手合いとお近づきになる気はない。

友は選ぶべきである。

傾いた家を脱して信州上田へ向かった。畏友小澤楽邦が前山寺の近くに「夢庭窯」を開いて十九年になる。器を焼き、薔薇を育て、水無月に「薔薇を見る会」を開くのが習わしである。ことしは六月五日、案内状を受けた知己がざっと百人、東京、横浜、神戸、さらに被災した岩手から、二百余種類の薔薇の下に集った。

小澤はむかし図工専科の教師をしながら陶芸に凝り、銀座に個展を催した。季節ごとに『夢の庭』という個人誌、といっても主として知友からの文章を編集したものを五百部に限って発刊することを続けてきた。それがまた人と人とをつなげている。

図工室を常時解放区にした小澤への子供らの人気は絶大であったが、職員室に巣食う出世主義者連中と鋭く対立すること度々で、組織のなかで、自分というピースの嵌まらなさ具合に苦痛を覚えるようになったに違いない。定年までかなり余して東京を売り、上田に転じた。やはり教師で画家だった妻純子も行を共にし、以来夫婦で新参信州人と化した。排他的な土地柄には苦労したらしい。

本来、コスモポリタンで人好きなので、孤独な隠棲など性に合わない。五年前、これはと思う美術家の個展をやるために、小澤は小さな画廊を建てた。今年度は小山佐敏、内田隆ときて、七月は湯沢悦木、八月田辺正樹、九月竹下健司・典子、十月知念登治と続く。

「薔薇ノ木ニ／薔薇ノ花サク。／ナニゴトノ不思議ナケレド。

薔薇ノ花。／ナニゴトノ不思議ナケレド。／照リ極マレバ木ヨリコボルル。／光リコボルル。」

（北原白秋「薔薇二曲」）

嵌まるべきところで、小澤は生々している。何の不思議もない。

ついでに別所温泉の湯につかり、傾いた家に帰ってきたら、旧友小川哲生から『わたしはこんな本を作ってきた』という著書が送られてきていた。これもまた「ところ」には苦労してきた男なのである。

小川は宮城は小牛田の出身。早稲田を出て大和書房に入り、編集者になった。『愛と死をみつめて』でビルを建てた本屋だ。学生時代から知っていたわたしは、「何だ、おぬし、純愛路線でいくのかい」などとからかったものだが、それは的外れだったことを、小川がまず菅孝行著『劇的空間のかなたへ——」演劇における近代の死とは何か？』を出し、森崎和江著『異族の原基』を出したときに思い知る。石牟礼道子、上野英信、渡辺京二、末松太平といった人たちの著書刊行が続くのだが、そこに「秘めた志」を見る思いであった。「純愛屋」みたいな出版社勤めでも、一編集者に貫くべき意志があればかなりのことができるのだと感心したことだ。ただし適当に他人と折り合えない小川には、難儀が絶えなかった。二十年いた大和書房を辞め、JICC出版局（のち宝島社）へ、さらに洋泉社へ移ったが、そこも去年、追《お》出《ん》たか追い出されたか、「フリー」になった。

会社では、ばかに「ばか」と言ってはいけない。言えば恨まれる。困ったことに、ばかは多い。多勢に無勢である。かなうわけはない。だが小川はばかに「ばか」と浴びせる。意趣返しは避けられない。小川が職場を転々とするのを、わたしはそう思って眺めていた。

大和で百冊、大和以後三百冊、ざっと四百冊の本を、小川は世に問うた。既成作家に頼っていれば事足りる大手の出版社社員と違い、小川は独自に「書き手」を開拓しなければならなかった。でなければ編集者として立ち行かない。

村瀬学、清水眞砂子、小浜逸郎、勢古浩爾、佐藤幹夫らを発見したのは小川である。その眼力の卓抜さはおのずからして明らかだ。

大和以後、小川はある作業を己に課した。見本を書評家や新聞社に送るに際し、必ず手紙を書いて同封したのである。この時代にこの著者のこの本を出す意義は何だと、私（小川）は考えているのか。気合いを込めた文字であった。

オウム事件の異常報道のあと、玉木明著『ニュース報道の言語論』を出したときは、「ジャーナリズムが変わるためには、まず、その言語論、言語システムが変わらなければならない」と書いた。

禄を離れたとき、小川の手になる「編集者からの手紙」が二百六十五冊分あった。本の紹介にして、解説、そして「最初の書評」の趣を持つ。埋もれさせるのは惜しい、せめて記念にと数少ない理解者の一人である村瀬学が労を取り、ごく少部数を私家本で作った。

具眼の士はどこかにいる。東京新聞の「大波小波」で〈白衣童子〉が「これはひとつの思想的事件というものだ」と絶賛した。それで公刊の運びとなった。

小川が若いころから敬愛してやまない吉本隆明が「黒衣として、著者の熱意に伴走したいと願った男の息遣いが聞こえてくる貴重な記録である」という言葉を寄せている。

本の黒衣が本を出すなぞ余計なことであろう。しかし不器用ながら本を作る仕事に嵌まった編集者の軌跡は一読するに足る。

いずれの日か、小澤の『夢の庭』の合本を、小川が作ってくれる日が来ないものかと、わたしは夢想してみるのである。

●個人誌『夢の庭』（連絡先は上田市前山二六四の三）▽『編集者＝小川哲生の本／わたしはこんな本を作ってきた』（村瀬学編、小川哲生著、言視舎、二〇一一年）

今も昔も政治は不作

傾いた家でテレビを見ていたら粗末な朝食を家族が囲んでいる。

妻の樋口可南子がぽつんと言う。

「お国とかお上とかは、私たちのことなんか考えてくれてないんだから、こうやって、みんなで頑張るしかないんだよ」

夫の串田和美が応じる。

「そりゃそうさな。お国だとかエライ人は信用できねえで」

――NHK朝の連続ドラマ「おひさま」だが、時あたかも松本龍復興担当相が就任九日にして辞めたころであったから、ごたごた続きの菅内閣のことを諷しているのかと錯覚しかけた。場面は戦が終わり、これから一家が必死に戦後の混乱に立ち向かおうとする一九四五年暮れのころであった。

六十六年後の今、敗戦にも比せられる大震災後、速やかな立て直しを図るべきときなのに政治がどうしようもない。「お国」など当てにならないと被災民が言い合っていておかしくないのである。

政治家の無能には慣れっこだが、それにしても何たる体たらくであろう。「孫」は知らなかったが、「祖父」の松本治一郎なら知っている。水平社運動の先頭に立ち続けた「部落解放の父」

である。部落解放全国委員会の初代委員長、戦前戦中は衆議院議員、戦後は旧日本社会党の参議院議員。白い顎鬚を蓄えた偉丈夫の写真をよく新聞で見た。

参議院副議長のとき、国会開会式に臨席した天皇の前で蟹の横這いみたいに歩く拝謁を「僕はやらんよ」と拒否した。「人間が人間を拝むようなまねはできん」。

戦時中、朝日新聞記者だったむのたけじの回想によれば、松本治一郎は儀礼本位の開院式には必ずや欠席し、その時間は院内の食堂で記者相手に雑談に興じたという。しかしただの雑談ではなかった。

軍人が横行闊歩する時局で、国会議事堂にも将校連中がわがもの顔に現れたが、ちらとそういうのを見ると、松本治一郎は一段と声を張り上げた。

「軍人どもが威張りくさっておるが、大事な魂が入っておらん。わしが九州の炭鉱に坑夫と立て籠もったら、一個連隊がきたって大丈夫、三日は引き受けてみせる」

さらに、陸海軍人が頻々と花街に出入りするのが世間の顰蹙を買いながら、批判は憚られた当時の空気をかき回すように言った。

「わしは、労働者たちにいつも言っておるんだ。もしもわしが女の腹の上にのっているところを見たら、構わないから、いつでもわしを刺し殺せ、とな」

軍人たちはこそこそと、その場を立ち去ったそうである。

松本治一郎に有名な「五禁」がある。大酒くらいで遊びもしていた男がある日、己に戒律を課す。

「酒を飲まず▼煙草を吸わず▼博打を打たず▼妻帯せず▼ネクタイをつけず」

慾望を断っておかねば、弾圧に遭ったとき弱みを見せることになりかねない。ネクタイなどしていたら、官憲ともみ合うようなとき首を絞められる恐れがある、というのであった。

言行一致。若年時しばらく暮らした女人がいたらしいが、別れたあと生涯独身を通した。甥の英一（参院議員）を養子に取り、龍はその子というから治一郎にとって血のつながりがないわけではない。

むのたけじは、松本治一郎に「民衆に対するたとえようのない優しさ」を感じた。「温かさと厳しさと明るさが透き通るように統一されていた人柄は、被差別・被圧迫の境遇に身をおいて、憎むべきものを徹底して憎んで戦いながら、みずからを〈解放者〉として鍛えた結晶」と言い、「つまり、いつどんな場合でも決して民衆を裏切らない骨の太さのあらわれだった」とも述べている。誰のために政治に従事しているのかを自覚していたということであろう。

三代目の横柄な口調に、初代の「優しさ」もなければ「厳しさ」もない。被災地で自分を「客」と称するに至っては、政治家としての自覚など微塵もない。

この大事なときに、肝腎要のポストにこの程度の政治家が座っていたということが今日の悲惨な状況を象徴している。任命権者である首相の責任は免れない。

二年前の「政権交代」にさかのぼって顧みるべきであろう。ここで読売新聞の連載がもとの『背信政権』が格好の参考書になる。政権交代で酔っ払ったようにはしゃいでみせたあほな新聞があったが、読売は距離を置いていた。新聞はお祭り騒ぎに紛れこんで御神輿を担ぐ愚を演じてはならない。

民主党最初の首相鳩山由紀夫からして不出来であった。

振り返るのもいまいましいが、過保護の母親から月々一千五百万円、六年以上、総額十一億円の「労働なき富」をもらっていた無神経さ、成算なしに沖縄基地問題で米大統領に「トラスト・

ミー」と胸を叩いてみせた軽薄さ。官僚を「政治主導」できない稚拙さ。八カ月半もよくもったものである。

後を菅直人が襲うのだが、わたしは新聞の「素粒子」という時事コラムを持っていた二〇〇四年、年金未納問題で代表を引責辞任した菅のことをこう書いた。

「この男、弱小集団の合従連衡をよく泳ぎ、民主党代表にまで成り上がれり。エイズ問題で名を馳せ舌鋒鋭く論敵に迫る様には大向こうから拍手喝采。女性醜聞で挫折するも復権し、政権を目指す中あえなく躓く。得意の弁舌空回り、勘は鈍り、地位に執着して出処進退の時機を失う。かくて菅立志伝、ここに一巻の読みきりか」

支持者から抗議めいたものが来たが黙殺した。今も評価を変える気はない。ところが菅は息を吹き返し、ついに宰相にまで上りつめた。これは読み誤ったことだった。

『背信政権』で知ったが、批評家江藤淳は、菅を「市民派の仮面をかぶった立身出世主義者」と呼んだという。延命策を弄する姿を読売新聞の編集手帳子は「粗にして野、しかも卑」と断じていた。成り上がり者は自分のことしか考えない。執着という臭気ふんぷんである。

鼻をつまんで「私たちのことなんか考えてくれてない」と嘆く声が、被災地から聞こえてくる。

●『水平記』(髙山文彦著、新潮社、二〇〇五年)▽『松本治一郎伝』(部落解放同盟中央本部編、解放出版社、一九八七年)▽『解放への十字路』(むのたけじ著、評論社、一九七三年)▽『背信政権』(読売新聞「民主イズム」取材班著、中央公論新社、二〇一一年)

「やましき沈黙」の教訓

『天皇陛下萬歳』や『眉屋私記』といった類まれな記録文学作品を書き残した上野英信は、物書きとしての心構えを問われ、「自戒だが」と前置きした上でこう答えた。

「時間を惜しむな／金を惜しむな／いのちを惜しむな」

筑豊に盤踞して、己の主題を表現すべく、文献に当たり、人を訪ね、事実を集め、資料を読み込み、一字一字書きつけていった上野英信にして発し得た言葉である。

わたしには、これがノンフィクションの世界に生きる者に通ずる戒律であると思われる。ノンフィクションの貧困が云々されて久しい。理由が考えられるけれど、今は触れない。ここで言いたいのは当今「ＮＨＫスペシャル」にこそ「上野の戒律」は生きているらしいことである。とりわけ「戦争」と「原爆」を題材にした作品群は傑出している。

夏は新聞も続き物を載せるが、上ッ面を撫でたようなものが少なくない。民放はどだいお話にならない。しかるにＮＨＫの作品には、どれほど金と時間と人をかけたのだろうかと思わせるものがある。

ことしの「ヒロシマ」や「戦費調達」を主題にした「ＮＨＫスペシャル」にも感心したが、近年ことのほか印象深いのは二年前の二〇〇九年八月、三夜連続で放映された「日本海軍４００時間の証言」であった。その取材班による本が出た。主題とどう取り組み、作り上げていったかを明かした「メイキング・オブ・ザ・ドキュメンタリー」は、作品にも増して刺激的であった。何事によらず、面白いのは舞台より楽屋である。

〇四年、藤木達弘チーフプロデューサーが、何かのミスを詫びるためにいやいやながら海軍研究家戸髙一成を訪ねたのが発端だった。その具体的な知識に驚嘆した藤木は「テレビ屋の我々が絶対手離してはいけない人だ」と直観し、彼を招いて勉強会を始める。やがて戸髙は旧海軍軍人が先の戦に関してひそかに十一年間、百三十一回の「反省会」を重ねていたという驚くべき事実を明かす。手を尽くして四百時間にのぼる録音テープを入手。ディレクター、記者が集められ取材班が編成された。

取材班はみなこれまで「戦争」にまつわる作品に従事した経験があり、それぞれに研鑽を積み、人脈を持っている。新聞社でも企画のために取材班が作られるが、大概は寄せ集めの初心者集団で、あわてて主題を探し、急ぎ働きでやってのけることが多い。これではＮＨＫにかなうはずはない。

藤木が一九六一年生まれで最年長。七六年生まれ、二〇〇一年入局もいる。反省会の録音を聴いても、初めは発言者の区別がつかない。何度も聴き返す。出席者の思いが「本当の事実が伝えられていない。それをどうしても遺したい」ことにあるのだと知れる。

取材班を駆り立てたのは、あの戦争を始めたのは誰かという疑問。なぜ特攻などという戦法がとられたのかという疑問。そして、どうして敗戦海軍の首脳部は極刑を免れたのかという疑問。次々と生じた疑問を抱えて、チームは列島を歩き、大陸に行き、豪州へ向かう。そして従来の「神話」や「定説」が次々とただされていった。

阿川弘之の提督三部作の影響もあり、わたしなどは「陸軍悪玉、海軍善玉」説だったがとんでもなかった。海軍が反対したら、開戦はなかった。「陸軍に引きずられた」と言われるが、海軍軍令部は常に主戦論だった。「戦はできない」などと言えば、予算を減らされるから言えなかったのだ。国家の存亡がかかっているのに、「海軍首脳部は自分たちの組織のことばかり考えていた」。戦になったら大変なことになると思いながら、ずるずると時流に任せた。「これではいかん」と思いながら、ついに戦争を始めてしまった。言うべきことを誰も言わなかった。海軍を支配した「やましき沈黙」を終生悔み続けた旧軍人がいた。

特攻の「産みの親」は、最初の神風特攻隊を指揮した第一航空艦隊司令長官大西瀧治郎との「神話」も覆される。兵を自動操縦機とみなし、敵に体当たりさせる作戦は、神風だけでなく回天、桜花、震洋、伏龍と試みられ、若者が次々と死んでいくのだが、これを命じたのは軍令部だった。だが当事者の幹部は戦後口を拭い、「現地部隊がやったのであって、中央は命令していない」と言い張るのだった。

首相兼陸相の東條英機が絞首刑なら、真珠湾奇襲のときの海相で後に軍令部総長の嶋田繁太郎も同様だろうに、そうはならず免れた。累を天皇に及ぼさないため海軍幹部が口裏を合わせて「中央の責任」を消したからである。偽証すらいとわなかった。ために艦隊司令官以上の天皇親輔職で死刑は一人も出ず、しかし海軍のBC級戦犯刑死者二百余名の殆どは現地守備隊士官であった。

右田千代ディレクターは勉強会から五年に及んだ取材・制作期間中に息子を産んだ。育てながら「この子を戦争で死なせることだけはしたくない」と思う。そして作品の「志」をこう記すのだった。

「勝ち目がないとわかっていた戦争を始め、特攻作戦という、人間を兵器代わりにする前代未聞の作戦を世界で初めて行いました。そして、この戦争の結果、日本という国は、崩壊しました」

「日本は、いかに命を粗末にしてきたか、その結果、いかにして崩壊したのか。それが、この番組のテーマです」

なぜこの国は命を粗末にしたのか、なぜこの国の支配層は責任を取らずに逃げたのか。取材班は作品を作りあげていく。

「最悪の事態を想定せず、楽観的な予測に基づき、作戦を立案する。最前線に無理を強い、幹部は責任を取らない。外交努力、説明責任を果たすことを怠り、諸外国から孤立する真実を国民に公表せず、現場を軽視し、ひいては国民の命を危険に晒す……」

――過ぎた昔のことではない。これは無為無策の政府を持つ今の日本そのものではないか。

●『日本海軍４００時間の証言――軍令部・参謀たちが語った敗戦』（ＮＨＫスペシャル取材班著、新潮社、二〇一一年）

天声小人語の姑息さ

焦点の定まらない虚ろな目をして消えていった菅直人の後を野田佳彦が襲ったが、民主党代表選を制したのはその演説の巧みさであったというのは本当だろうか。「どじょう演説、よかったね。最高だった」と、かつてその祖父近衛文麿と同様に政権を中途半端に放り出した細川護煕が言ったというから何かと思えば、今や野田の後ろ盾のつもりらしい。もう一人、首相を辞めた後いったん引退を口にしながら翻し、キング・メーカー気取りだった鳩山由紀夫とともに、ゾンビ舞い踊る日本政界暗夜である。

野田はどじょうだの金魚だの言ってみたり、雪だるまを担いで雪の坂道を上がるのは大変だと言ってみたりしていたが、あんな例え話だけの弁舌がまともな政治家の演説と言えるか。

それも雪だるまは北海道の同僚議員の話を借用、どじょうは相田みつをの「どじょうがさ金魚のまねすることねんだよなあ」を引用。要するに他人の褌で相撲をとっているだけで、夫子自身の政治信念などどこにも見られない。それも相田の「どじょう」は代表選前、参議院議員会長輿石東のところを訪れた際、部屋に相田の色紙（といっても複写だろうが）が掛かっているのを見て、すかさず取り込んだとはヨイショしたのだろう。輿石が気に入っていると見て、支援頼みにすり寄ったわけだ。いささか姑息な趣なしとしない。

自分の「好きな言葉」を演説のなかに織り込んだ野田に、老いたる輿石だって悪い気はすまい。それにしても今の政治家は、「便所の神様」相田みつを程度の片言隻句を支えに事に当たっているのかと思うと愕然とする。野田の迎合ぶりは、まるで幇間、太鼓持ちに類する。野田とは「のだいこ」かと合点した。

内閣発足九日目に「失言」で鉢呂吉雄経済産業相が辞任したが、理由が分からない。記者会見で「死のまち」と発言したのが不適切だったとされたが、人っ子一人いない、生活の匂いのない区域を「死のまち」に例えるのは日本語表現としてあり得る。鉢呂はまた、福島視察の日に夜回りに来た毎日新聞記者に着衣をすりつけるようにして「放射能をつけたぞ」と言ったというが、そんなのはふざけてみせただけだろう。一見「仲良し」を装う政治家と新聞記者の間であり得る話である。実際、毎日はすぐには問題視しておらず、「死のまち」発言が騒がれた尻馬に乗っただけだ。

鉢呂がどの程度の政治家なのかは知らない。しかしこんなことで閣僚の首を切ったことは「のだいこ」のやりそうなことである。「のだいこ」といえば、『坊っちゃん』だ。最後は坊っちゃんに生玉子をぶつけられる画学教師。

岩波版漱石全集第二巻の注釈に「のだいこ」とは「吉原以外の地で働く幇間、また、しろうとが内職でしている幇間を蔑んでいう呼称」とある。秋刀魚を三馬と書いた漱石は「のだいこ」と書き、「野だいこ」と書き、あるいは「野だ」と略称し、まことに自在だが、『坊っちゃん』を書いて百有余年後の日本国首相が「野だ」とは夢にも思わなかったに違いない。

『坊っちゃん』で朝日新聞の失態を思い出した。五月、看板コラムの天声人語が引用誤用を犯しながら訂正を出さなかったことだ。

ユッケ食中毒事件にまつわり、坊っちゃんと山嵐が牛鍋をつつくだりを引いた。「江戸っ子の坊っちゃんは何かにつけて気が短いらしい。会津っぽの山嵐は『そこの所はまだ煮えていないぜ。そんなのを食うと条虫が湧くぜ』と注意する」と書いた。ところが、これは注意したのは坊っちゃんで、三日後に「さかさまだった」と謝った。

その個所は会話体がずらずら並んでいる。筆者は坊っちゃんと山嵐を取り違えるという粗雑な読み方を露呈したわけだ。『坊っちゃん』好きはごまんといる。当然ながら批判が相次いだそうである。謝るしかない。

しかし訂正を出したのではなく、文中で「少年時代に読んで以来、そう思い込んできた。引用前に確かめたが、つゆ疑わず」と釈明しただけだ。毎日この欄を読むという奇特な読者以外には永遠に伝わらない。どこか姑息と言うほかない。

天声人語は、八月にまた同じ過ちを犯す。

自ら朝顔と夕顔を育てていると言い、蕪村の〈ゆふがほや竹焼く寺のうすけぶり〉を引用、「どこか楚々とした野趣が漂ってくる」とひとりよがりなのは勝手だが、夕顔と筆者が思い込んでいたのは夕顔でなく夜顔だと指摘された。

つまり、蕪村の句の引用などどだい意味をなさなかったのである。三日後の文中で、「不明を恥じつつ、おわびします」と書いたが、これも正式の訂正記事ではなかった。

五月には黙っていたわたしの友人が八月のときは「この筆者は朝顔、夕顔を育ててなんかいないね」と電話をかけてきた。朝夕花を育てて慈しんでいる者が花の名を間違えるというようなことは考えられないというのである。「ああ、そういや」と言葉を継いだ。「前には、こどものころから漱石を読んでいた、と書いていたが、あれもきっとうそだな」。

友人の判断を覆す根拠は持ち合わせていないし、当人に問い合わせる酔狂はない。だが吹けば飛ぶようなコラムでも、「うそだろ」と読者に思われたらおしまいだ。そもそも誤りはきちんとした訂正を出すのが新聞の常道である。なぜか常道を踏まないのは姑息である。

姑息とは「しばらくの間、息をつくこと」から転じて、「一時のまにあわせに物事をすること」と辞書にある。一時しのぎ、その場のがれのさまを言い、いずれ一人前の人間がすることではない。

君子は徳をもって人を愛するが、小人は姑息をもって人を愛する、と古人は言った。姑息とは「小人の道」なのである。天ニ声アリ、小人ヲシテ語ラシムでは看板の名が泣こう。

●『漱石全集第二巻』（夏目漱石著、岩波書店、一九九四年）

ジャーナリズムの不在

かねて不思議に思っていたことだが、ジャーナリズムという言葉はどうして日本語に言い換えられなかったのだろう。海の向こうから様々の概念が流れ込んできたとき、明治の知識人は脳漿を絞って、例えばスピーチを演説、フィロソフィーは哲学と訳したというのに、ジャーナリズムまでは頭が回らなかったらしいのはなぜか。

ニュースペーパーは「新聞」、マガジンは「雑誌」。しかしジャーナリズムは片仮名表記のままで、ジャーナリストも同じい。

日本国語大辞典では、ジャーナリズムは「新聞、雑誌、ラジオ、テレビなど時事的な関心を主体とするマスコミュニケーションの媒体機関の総称。またその世界で行なわれる活動」、ジャーナリストは「ジャーナリズムの世界にかかわりをもつ記者、編集者、解説者などの総称」と説明されるが、今日なおこれを一言で表す日本語はない。

わたしは新聞記者のはしくれだったが、面談相手に「ジャーナリストですか」などと言われると何かしらむず痒さを覚え、危うく武田泰淳の書いた男のように「新聞社にいるからジャアナリスト、その言い方はいかんよ。俺はジャアナリストじゃないよ」とでもうそぶきたくなったものである。

もっともこいつは、ただ片仮名文字は好まないという趣味の問題かも知れず、こだわらない向きは「ジャーナリスト」とか「コラムニスト」といった肩書をつけた名刺を持っている。山本夏彦も「コラムニスト」と称したが、雑誌にコラムを書いていたからそれに違いなかった。だが職を離れ今はどこに何を書くでもない「元新聞記者」風情が、「ジャーナリスト」とか「コラムニスト」と名乗るのはいささかおこがましい感じがする。

片仮名表記で新聞界近頃の珍事は、朝日新聞社が「グループを部、エディターを部長に戻します」と社告したことである。誤報や情報漏れが相次いだとき、反省好きの幹部がにわかに「政治部とか社会部といった部の壁があるのが問題だ。部をなくし、編集局をフラット化しなければならない」と言い出し、部をグループと改称した。部がなければ部長もない。代わりに「エディター」とは一体どういう了見だったのか、理解できない。

日本語を大切にしよう、などと言いながら、社内に英語風片仮名表記の職名を作って恥じるところがないのだからお笑い草だ。

上の思いつきは下々の名刺の作り変えに及んだ。不景気というのに愚かな出費だった。もっと愚かしかったのは、普通名詞として定着している「社会部」や「政治部」というのをわざわざ「社会グループ」「政治グループ」と言い換えたことの無意味さだ。政変の際、各紙競って政治部長論文を載せるが、これが一紙だけ「政治エディター」となる。「エディターって、何？」と聞かれた。さあ、何だろう。

言葉は生き物である。「グループ」「エディター」が根付かなかったのは、その言葉に生気がない証明だ。互いに模倣し合って平気な業界なのに、これればかりは朝日に追随した社を寡聞にして知らない。

わずか五年で「元へ戻す」というのは独りよがりな呼称が世に受け入れられなかったからだ。

名称変更くらいで、「部の壁」が崩壊するわけがない。新聞社というところは、部が違えば電話のかけ方から酒を呑む作法まで違うのである。

ジャーナリズムには為すべきことがある。ちまちまと機構をいじくったり、看板を取り換え引き換えしたり、そういうことは小官僚のしたがることで、ジャーナリスト本来の仕事ではない。しかし何か問題事が起きると、新聞社でも組織を新設したり、改編したり、消滅させたり、果ては「審議会」を作ったり、と官僚同然の対応に終始する図が見られるのである。

つとにジャーナリズム、ジャーナリストを片仮名表記するほかなく、ついに相当する言葉ができなかったということは、そもそもこの国にはジャーナリズムと言えるものがなく、ジャーナリストなどいなかったからではないのか。

むのたけじ翁の近著『希望は絶望のど真ん中に』を開いたら、「ジャーナリズムはとうにくたばった」という一行が目を打った。いきなりの大声一喝である。

翁は九十六歳。三年前、九十三歳のとき、やはり同じ岩波新書から黒岩比佐子への語り下ろしの形で『戦争絶滅へ、人間復活へ』を出した。その中で「いまが、人生のてっぺん」と言い、「これが私の遺言」と述べていたから、これは「二通目の遺書」である。

三年前に聞き手を務めた黒岩比佐子はすでにいない。ノンフィクションの世界で誠実な仕事を重ねていた彼女は、惜しいことに病没した。この本は翁が一字一字、原稿用紙に刻みつけたものである。

ジャーナリズムとは、民衆生活の朝夕の相談相手、個体と全体をつなげる絆の大切な一本、と思う翁は、その任務をこう定義する。

「世の中の続発する動態についてその原因と過程を明らかにして、さらに一つの結果が次の新しい原因となる筋道を明らかにする作業、それが何よりの任務です」

東京外語を出て二十一歳で報知新聞社に入り、朝日に転じて、敗戦の日に退社。戦後は故郷秋田の横手で週刊新聞『たいまつ』を出した。やがて休刊のやむなきに至ったのちは、評論、著作、講演活動を続けた。思うに七十五年間「ジャーナリズムの一本道」を歩いてきた翁が、今や「ジャーナリズムはくたばった」と断じるのはなぜか。

世界中にもし本物のジャーナリストがいたら、ビン・ラディンとの会見を試みたはずである。会えなかったとしたら「会わざるの記」が出たはずである。それがなかったことが、ジャーナリストの不在証明、ジャーナリズムの死亡証明である——というのである。

しかし「ジャーナリズムを死なせておけば社会そのものが死んでしまう」とも考える九十六歳翁は、現役世代を叱咤してやまない。

やるべきことを、やっているか。そうただされて「自分は任務を果たしている」と応ずることのできるジャーナリストは幾人いるか。

●『希望は絶望のど真ん中に』（むのたけじ著、岩波新書、二〇一一年）

独裁者に定年はない

読売新聞にあって冷や飯組の友と呑んでいた。エジプトのムバラク政権が崩壊し、リビアのカダフィ大佐が倒れ、と中東の「革命の嵐」が一段落したころであった。

いよいよ独裁体制で生き残っているのは、世界に北朝鮮だけか、と言ったら、「いいや、まだある」と、そいつがえらく暗い顔をする。

ああ、そう言えば、と『文藝春秋』六月号に、読売新聞グループの渡邉恒雄会長兼主筆の文章が載っていたことを教えてやった。

「不離一体の仲」だったという氏家齊一郎日本テレビ会長の死を悼むもので、「旧制東京高校、東大、共産党体験を経て、読売に入社、ついに彼はNTVの会長、私は読売新聞の会長と、いわばマスコミの頂点に登りつめた」と、お互い仲が良く、協力して派閥抗争を勝ち抜き、そして立身出世を遂げたことを自賛したうえ、自分は「息絶えるまで経営の鬼となろうと覚悟している」と結んでいた。

独裁者に定年はない。死ぬまでやるつもりらしい。そう告げると、「ええ？　そうか」と、友は気の抜けたふうになり、呑むほどに酔うほどに、いっそう沈んでいった。

そいつとはしばらく会っていなかったのが、十一月の雨の日、やけにはずんだ声で電話がかかってきた。

「やった、やった。巨人軍で反乱が起きた」

巨人軍（ジャイアンツだけがどうして「軍」と名乗るのか不明だが、独裁体制には「軍」が不可欠か）の清武英利代表（当時）が渡邉によるコーチ人事介入に「涙の抗議」をしたというのである。

翌日は土曜日、小春日和のなかを駅まで行ってスポーツ新聞を全部買い込んできたのは、我ながら酔狂なことであった。

内紛だ、反逆だ、クーデターだ、自爆テロだと、いやまあ一体何事が起きたかというような見出しの氾濫だ。にわかに現れたドン・キホーテ、風車に向かって突進の図である。野次馬にとって「お家騒動」くらい面白いものはない。

読売はむかし社会部帝国といわれたほどであったが、渡邉体制確立とともに政治部の時代が来た。主流を外された社会部系が行かされる子会社の一つが巨人で、清武も社会部出身というから、積年の恨みが爆発したのかも知れない。

ドン・キホーテの登場に、わが友も勇み立つこと甚だしく、今にも「革命」が到来しそうなことを口走る。サンチョ・パンサには冷水をかけてやらなくてはならない。そこで『周恩来秘録』を、心して読むように薦めた。独裁者とはどういうものかが分かるだろう。

周恩来といえば、中国建国以来首相として内政外交の中心にあり、何かにつけて脚光を浴びていた。そこへいくと、姿を見せず、茫洋としてつかみどころのない毛沢東は「革命の父」ながら、すでに一線を退いた存在で、実際に政治の実権は周恩来が握っているなどと解説する「中国通」もいた。

実はとんでもない。「毛が謀を立て、周が成し遂げる」。これが両人の役割分担で、「毛が舵手であり、主宰者であり、精神的指導者であったとするなら、周は執行者であり、介助者であり、内政外交の総管理者だった」のである。

この本は、中国共産党の中央文献研究室に属して歴史編纂と指導者の年譜・伝記の執筆を任務としたという高文謙（一九五三年生まれ）が、八九年の天安門事件を機に出国、米国で二〇〇三年に出した『晩年周恩来』の翻訳である。

六〇年代から七〇年代へかけて、後に鄧小平が「失敗」と断じて片付けた文化大革命の開始から鎮静までが、周の「晩年」に重なる。

そのざっと十年間をつぶさにたどって、中国の生んだ一人の実務政治家を遺憾なく描出し、かつその向こうに、周を生涯駆使し続けたもう一人の政治家の姿を浮かばせる。「一代の梟雄」と言うべし。それが毛沢東であった。

毛沢東とはいかなる人物か。

著者が様々な例証を挙げて描くところによると、自ら「マルクス＋始皇帝」と称し、権謀術数の達人にして稀代の陰謀家。独断的野心を持ち、権力を弄び、裏から糸を引くことを好む。生来嫉妬深く、猜疑心が強く、誰一人本当に信じることはない。しばしば気が変わり、平気で手のひらを返す……。

ただし毛は、周の比類なき実務能力と他人との協調性を必要とし、つねに利用した。でありながら、毛は周に心を許さない。何故かと言うと、内戦と抗日戦のある時期、周が上位に立ち、毛を批判したことがあったからだ。毛は恨みを執念深く根に持つ性分であった。

軍略と革命路線に絶大な自信を持つ毛は、八方美人で性柔弱、コミンテルンの指揮棒で踊るような周を内心軽んじ、周は毛には逆らわない。「君臣」の関係であった。

建国後、毛は大きな間違いを二つ犯す。五八年から六一年にかけて数千万人が餓死したという大躍進運動が一つ。失敗を認めて国家主席を劉少奇に譲らざるを得なかった。そしてもう一つの失敗が、六六年に発動した文化大革命である。国中を歴史的混乱に陥れ、七一年に「後継者」林彪がクーデター不発で逃亡し、謎の墜落事故死を遂げることで終焉を迎える。

だが毛は君臨し続けた。人事権を掌握し、「主席」を窺う者は必ずやはじき出す。いったん後継に擬した劉少奇も、林彪も、策謀をめぐらして死地に追いやった。

毛沢東に周恩来は従った。それが「革命の晩節をまっとうする」ことだとひたすら信じたからである。

周に膀胱癌が見つかったとき、毛は告知せぬよう命じ、すぐに手術することを許さない。明らかに手後れになった。激痛にうめきながら、それでも周は毛讃歌「東天紅」を口ずさみつつ死んでいった。

毛は涙一つ見せなかった。追悼会にも出なかった。のみならず、周死去三週間後の大晦日、毛の邸宅では慶事に鳴らす爆竹の音が鳴った。毛は「たるんだ顔にかすかな笑みを浮かべた」ということだ。

毛沢東は周恩来より八カ月生き延びる。スターリンのように死後に鞭打たれることを心底恐れていたが、死に瀕した床では悪夢に苛まれ続けたそうである。

●『周恩来秘録――党機密文書は語る』上・下（高文謙著、上村幸治訳、文藝春秋、二〇〇七年）

2012年

立川雲黒斎の遺言

一代の噺家が逝った。破天荒に見えて、細心配慮の人生であった。

談志とは一度会ったことがある。志ん朝のことを「あいつはいい時に死んだ」と言っていたが、思うに、談志もいい時に死んだ。

「ダンシガシンダ」と、どこかの落語会に電報が来た。楽屋連中は言った。「祝電を打たなきゃ」と。

当人が生前「俺が死んだら回文が回る」と口にしていた。「もう駄目」とか「これで最後」は口癖であった。とかく冗談を大事にした仏である。弔電の祝電を受けたら、破顔大笑したことだろう。

新聞の一面に訃報が載り、社会面、学芸面で大々的に扱われ、「希代の天才」「第一人者」「風雲児」「カリスマ」等々、その死は最大限の賛辞に飾られた。NHKはテレビでもラジオでも追悼した。

各紙コラムを見ても、「語りの美学にこだわった芸人」（朝日）▽「落語の芸の極致」（毎日）▽「落語に焦がれ死にした人」（読売）▽「鬼気迫る出来」（日経）▽「しゃべりの迫力に圧倒」（産経）……かくも話題にされた落語家がいただろうか。自らの戒名「立川雲黒斎家元勝手居士」。以て瞑すべしである。

寄席でよく出されるのが六代目圓生の死だ。一門を引き連れ落語協会を割って出たあと、独演会で倒れて絶命した。あいにく同時に上野動物園のパンダが死んでいた。新聞のトップ記事はパンダ、圓生は脇。「名人圓生にしてそうでした。あたしども噺家なんざ、どうせそんなものなんでさ」と語られる。

談志にインタビューしたのは十年ほど前である。ビン・ラディンの顔写真をプリントしたTシャツを着て現れた。何しろきょうの客は乙に気取ってやがると見るや突然四文字言葉を連呼するわ、拉致問題を枕に振るや家族を「拉致太り」呼ばわりして物議をかもすわ、そんな噺家が「世界の悪役」を肌身につけた図は冗談のつもりに決まっている。「おっ」と大げさに驚いて見せたら、頭に手をやり、ふと照れた笑いを浮かべた。

毒舌家と言われた。わざとそれを演じている風があった。強がって、虚勢を張り、居丈高にものを言っても、何かにつけ内心はこれでいいだろうかと、常に周りの反応を気にするところが仄見えた。

問答中、頻繁に「田辺茂一」「色川武大」といった名前を出す。ほら、俺は並みの落語家じゃない。そんな「文化人」とも懇意なんだと伝えたいのだと知れておかしかったが、これはよほど強い劣等感の持ち主ではないかと思われた。

才筆をうたわれた。二十九歳で『現代落語論』というすこぶる真面目な本を上梓している。「落語の申し子」が自分をさらけ出しつつ、多面的かつ多角的に落語を論じたもので、いまなお読むに値する。

十六歳で五代目小さんに入門。覚えは早く、感覚も抜群、気が利いて、太鼓叩くのも上手。ただし生意気だからいじめられた。好きで入った道だ。くじけなかった。前座二年で二つ目。十八歳ですでに百席近くを修得していた。

自信家だった。「俺は巧かったよ」と言い、「弟子で一番巧かったのは談志」と小さんも認めるほどで、同世代のトップを走っていると思い込んでいた。そこに思わぬ挫折が来る。真打昇進で後から来た志ん朝に追い抜かれたのである。

「わたしが噺家として拙いなら、これはしようがない。しかし、わたしはけっして噺が拙いとは思わなかったし、彼にヒケをとらないという自信もあった。修行の年代もわたしのほうが古いのだし、十年で真打になるのが普通のこの世界なのに、五年ぐらいで真打になるというのは、どう考えてもなっとくがゆかない」

志ん朝抜擢は、その出色の出来に加え、脳出血で倒れた父志ん生の意を圓生と文楽が汲んだからといわれる。「何であたしが先でないのか。それが駄目ならせめて一緒にでも……」と悔しがる談志を小さんがなだめた。「俺も悔しいんだ。夢の中で文楽師匠に文句言った」。

談志は志ん朝に「辞退しろよ」と迫った。すると志ん朝が答えた。

「いや、兄さん、あたしは実力でみんなを抜いたと思ってる」

肩書好きで権力を欲しがった。師匠に「もう俺に会長職譲ンなよ」と強要したり、次は小さんになる名の「小三治」をくれと要求したり。しかし「莫迦野郎、おめえなんぞを会長にできるか」「お前は人間がだめだから小三治はやれねえ」と、共に却下された。

圓生の落語協会脱退事件のとき、談志も志ん朝もついていく手筈になっていた。ところが「次期会長」の約束を取ろうとして談志は圓生の拒絶を食らう。「私の後は志ん朝」と明言され、談志は行を共にしない。志ん朝との間には「会長を譲れ」「嫌だ。圓生師匠が、あたしに、と言ってる」「お前が断んなヨ」「断りません」とのやりとりがあった。

甘ったれだった。自民党参院議員で宏池会に属し、家を建てるとき三千万円を大平正芳に借りた。返しに行くと利子がついている。「そんなことなら借りやしないや」と文句をつけたら、大平が言ったそうだ。「利子つけないと君のプライドを傷つけやしないかと思って」。

議員なぞと二股かけず落語一本だったら「とてつもない人になっていたろうに」と小三治は言う。それでも「百年に一人の落語家」と持ち上げる人はいるし、後継者を育てたのが偉いと褒める向きもある。だが映画監督の仕事が監督の養成でないように噺家の本務は弟子の育成ではあるまい。

天衣無縫、好き放題のようだが、独りのときはどんな顔をしていたのか。志ん朝を終生意識していたのは間違いない。小三治に「お前は志ん朝の芸をどう思う？　ああいう芸をいいと思うか」と問うている。「いいんじゃないの、いろんな芸があるんだから」と答えたら不満げだったとある。「兄さんが上」とでも言ってもらいたかったか。

談志は落語を「人間の業の肯定である」と定義した。二十九歳のとき「現代と大衆と古典をつなぎ合せる落語家がいなければ落語はかならずダメになる」と書いている。生涯かけて落語というものを極めようとした男の、これは若書きの遺言だったのだと合点した。

●『現代落語論』（立川談志著、三一新書、一九六五年）▽『人生、成り行き——談志一代記』（聞き手・吉川潮、新潮文庫、二〇一〇年）

『東京物語』への冒瀆

いやな噂を聞いた。松竹の山田洋次が『東京物語』をリメイクするというのである。まさかと思った。山田と言えば、「寅さん」の監督ではないか。国民的などと持ち上げられ、盆暮れに必ず当たりをとって、松竹社員のボーナスは「寅さん」から出ていると耳にしたことがあった。しかし言うまでもないが、映画の価値と見物人の数との間には何の関係もない。多数派に反してわたしは「寅さん」を好かない。

あの現実にはあり得ない紙芝居に付き合う義理はないし、そもそも「寅さん」は渥美清という希代の役者をだめにした元凶だと思っている。渥美の目を見よ。渥美は平然と残忍な人殺しをする役も演じられたはずである。それを「寅さん」のイメージを壊したくないばかりに自らを封じ込め、俳優としての可能性を閉ざしてしまった。実に惜しいことであった。

これも言うまでもないが、『東京物語』は小津安二郎の最高傑作である。かつてテレビでリメイクしたのを見たけど、余りに無残な出来に、目を覆った覚えがある。『東京物語』をリメイクしようなぞとは天をも恐れぬ所業だ。天罰が下ったのである。渥美が死んだあと、山田は藤沢周平に依拠してチャンバラ映画を撮っていたようだが、よほどすることがなくなったのか。だからといって小津の模倣か。

誰にも他人に対して尊敬、敬愛、思慕といった感情を抱くことが、ときにある。小津は志賀直哉を「チョクサイ先生」と呼んで敬愛することこの上もなかった。直接会うときは緊張のあまり、大きな体を小さく縮めた。下級兵士として大陸の戦地にあっても熟読していた『暗夜行路』を映画化しないかと人に勧められ、とんでもないとばかりに恐縮の体を示した。それが別の監督が撮ると聞いて、「天に唾吐く行為だ。ものを知らんやつには勝てん」と言い捨てたという。

ほんとうに尊敬していたら、その作品を未熟な身でいじくるなんてことはできるはずはない。口ではいろいろ言っているが、山田が小津を心から敬愛しているとは思えない。案ずるに、利用できるものは利用するとの魂胆であろう。

映画に先んじてすでにこの正月、山田の脚本・演出で新派が『東京物語』を出しものにしていたと新聞で知った。どうせロハで見て書くのだろうから批判めいたことを言うわけはないが、朝日新聞の劇評に「山田、小津、新派の出会いには、得がたいものがある」と出ていた。「戦後の変わりゆく家族の姿を見つめ、戦争の悲しみの表現を終生のテーマとする山田らしい心で、細やかに舞台化した」などという歯の浮くような幇間ぶりだ。反吐が出る。冗談ではない。「人生の哀しみ」を終生の主題にした小津を勝手に踏み台にするのが「山田らしい心」だろう。

毎年一月、わたしは「江東シネマフェスティバル」に出かける。小津が生まれた深川を持つ東京都江東区による映画祭で、五回目になる。小津をはじめ、木下恵介、成瀬巳喜男、熊井啓らの十本を三日間上映した。山田の『幸福の黄色いハンカチ』もあったが、余計なことながら、わたしはあの最後に黄色いハンカチが風にはためく光景に耐えられない。いかにもあざとい。小津なら絶対にあんなシーンは撮らない。

最終日には吉田喜重と岡田茉莉子夫妻による「ゲストトーク」があった。没後もうじき五十年になる小津を直に知る人はいなくなる一方だ。夫妻は今や「絶滅危惧種」並みである。

「自分で脚本を書き、カメラのポジションを決め、それから撮るという監督は、私の知る限り三人。それは小津さん、木下さん、それからここにいる吉田監督です」とマイクを渡された吉田が、訥々と小津を語った。

小津と吉田には宿命的な因縁がある。一九六三年一月、松竹監督会の新年会が鎌倉であった。床柱を背負って巨匠小津が座り、監督新参の吉田は末席にいた。宴が始まるや小津は吉田の前に来て、酒を注いだ。吉田はそれを受け、返す。小津はまた注ぐ。吉田は呑んで返す……それが黙然と三時間続いた。座はお通夜になった。それでも小津は動こうとしない。

吉田には理由が分かっていた。小津の『小早川家の秋』の中の場面を「若い世代におもねっている」と批判したことに対する、それが小津の返事なのだった。そして宴果てるころ、小津はつぶやいた。

「しょせん映画監督は、橋の下で菰をかぶり、客を引く女郎だよ」

その年、小津は癌に倒れた。吉田は婚約した岡田とともに病院に見舞う。すっかり小さくなっていた小津は寡黙であったが、帰り際の吉田に向かって口を開いた。

「映画はドラマだ、アクシデントではない」

二度繰り返したその言葉が、吉田にとって小津の遺言となる。そのとき吉田三十歳。自分にしかできない革命的な作品を撮り続けながら、以来吉田は小津の二つの科白を考え続けた。そして小津の年齢を越してから、『小津安二郎の反映画』を著すのだが、それは「究極の小津論」「決定的な東京物語論」というべきものに成った。小津に関する論考はゴマンとあるが、吉田のものは白眉である。

小津作品はいずれも「小津さんらしい」と言うしかないと吉田は言う。「なかでもっとも人びとに愛され、称賛される作品は、疑いようもなく『東京物語』である」。

それは「眼差しが語る黙示録」であり、徹底したロー・アングルで切り取られた画面には、事物としての眼差し、不在としての眼差し、不可視としての眼差し、そして生きた人間の眼差し、死者の眼差しが満ちあふれている。

だが語ろうとして語り得ない。語りつくしたいのだが、むしろ沈黙を守りたいという、相反する衝動と苦悩を強いられ、「春の野に逃げ水を追うかのよう」であった、と吉田は告白する。『東京物語』とはそういう映画なのである。それを気安くリメイクする映画監督がいるとは気が知れない。冒瀆である。もし小津のことを考え、深く理解した吉田ならば、そんなことはしない。

●『小津安二郎の反映画』（吉田喜重著、岩波書店、一九九八年）

責任感覚なき指導者

ＮＨＫの朝の連続ドラマ「カーネーション」の評判がいい。「おはなはん」以来、連ドラの主流は「女の一生」だ。極貧の生まれから一代でスーパーマーケットの経営者になった「おしん」を頂点に、女主人公の生き方が共感を呼ぶとき、視聴率が上がる。

女手ひとつ洋裁店を切り盛りし、ファッションデザイナー三姉妹を育て上げた母親がモデルのドラマが受けているのは、父親がだらしないことの反動かも知れない。

私見だが朝の連ドラは国民教育の働きをする。女主人公はたいてい関東大震災、昭和の戦争のどちらとも、あるいはどちらかをくぐって生き抜く。震災のほうは、阪神淡路に続いて去年とんでもないのに見舞われたから誰もが認識を新たにしたが、敗戦後六十六年、戦争の記憶はもう霞みのはるか彼方に消えかかっている。

そんな時にドラマに挟み込まれた「戦争」が注意喚起の作用をするのだ。意図してのことかどうかは知らない。だがこの前の「おひさま」ではヒロインの嫁ぎ先の松本が空襲に見舞われ、長兄の軍医は海で戦死した。その前の「ゲゲゲの女房」では、夫の漫画家が南方の島で九死に一生の目に遭って帰ってきたが、片腕を失っていた。

「カーネーション」に戦地の場面は一切なかった。しかしやけに優しかった夫、気弱だった幼友だち、あこがれていたその兄と、召集されていった男たちはみな戦死して戻って来ない。打ちのめされた家族が幾十幾百万あったことか。さらにまた、戦後の混乱期を描いて「パンパン」まで登場させていた。「パンパンって何?」と子どもに問われたという人がいた。学校で教えられないことは新聞や放送で学ぶほかはない。

己を貫き、岸和田のダンジリさながらに突っ走る「カーネーション」の女主人公は、朝の連ドラには珍しく世間の許さぬ恋を決行して、何ら恥じるところがない。自分で決めたのだから自分が責任を取る。清々しいくらいである。

この清々しさが日本の政治には欠けている。何か聞かれたらおどおどとした目でしどろもどろに答え、答えたかと思うと直ちに訂正する田中直紀防衛相がいい例だ。よくもこんな閣員を任命した野田佳彦首相の感覚を疑う。鳩山由紀夫、菅直人から野田ときた民主党政権は発言も人事も無責任を絵に描いたような出来だが、しかし指導者の責任感覚欠如は、この国で何も今に始まったことでない。

インパール作戦を想起する。

一九四四年三月八日に作戦発起されたインパール作戦は、三個師団十万の将兵をもってビルマ(現ミャンマー)側三方からインドのインパールへ向かい、英印連合軍を相手に三週間で攻め落とそうというものであった。

こと志に相違して惨憺たる結果を招き、六月以降、日本軍は敗走に敗走を重ね、飢えと病と猛烈な雨のなかで三万の戦死者を出す。累々と屍の重なる狭い山道は「白骨街道」と呼ばれた。

インパールに関しては戦後、戦記、回想、研究その他、多くの文献が出ている。書く人の立場、立場で、ものの見方が違い、同じことでも解釈が異なってくるのは当然だが、「まれにみる非道な戦争であった」と断ずる高木俊朗が渾身の力を込めて書いた『インパール』を読めば、全貌が分かる。

高木は記録映画の報道班員として日中戦争から太平洋戦争へと前線を転々とした。戦争末期ビルマへ行かされ、インパール作戦に従軍した。五冊に及ぶインパール関係書や『陸軍特別攻撃隊』など戦記文学の傑作を書き残した。

まだ存命のころ、わたしは電話を受けた。新聞に書いた小さな記事を、自分の文章に引用したいので了解してほしいということだったが、まことに丁寧な物腰にすっかり恐縮した覚えがある。本気でものを書いている人は、他人のものにも敬意を失わないという見本に接して、爾後自戒としている。

インパール作戦は、ガダルカナルをはじめ各地で敗勢に傾いた戦局の起死回生を図りたかった東條英機首相の意向を受けて立案された。希望的観測で、勝てば戦争終結に持っていけると踏んだらしい。

牟田口廉也第一五軍司令官の主導で進むのだが、三七年に盧溝橋事件を起こした連隊長で、「自分が始めた戦争を自分の手で終わらせたい」と言って異常な執着を見せた。しかし端から根強い反対にあった。二、三千メートル級のアラカン山系を越えて戦をしに行くというのに、後方からの補給の目途がつかないのであった。「無謀な計画」が失敗の原因ということで歴史的評価は定着している。

反対者は次々に更迭され、牟田口に抵抗する意見は封じ込められた。物言わぬ参謀や口を開けばお追従のみの部下に囲まれて、司令官は全軍を死地へと駆り立てるのである。冷静に検討を加えて無謀を抑えるべきであった軍の上層部もまた、強行策に迎合してしまう。

第一五軍の上に位置するビルマ方面軍の河辺正三司令官は牟田口と盧溝橋以来の関係で賛成、その上の南方軍の寺内寿一総司令官も「これができれば大したもんだ。ぜひやってくれ」と容認、さらに大本営の杉山元参謀総長は「寺内のたっての希望なのでかなえてやりたい」と言った。驚くべし。作戦を詳細に精査した形跡がない。

かくて十万将兵はチンドウィン河を渡り、密林に分け入る。それは地獄への一本道であった。戦後ドキュメンタリーを作るため現場に来たＮＨＫ取材班は「兵士たちは、何故、こんな所まで来て、激しく戦い、泥濘の中で死んでいかねばならなかったか」と嘆息した。

弾丸なく、糧秣なく、航空支援なく、兵士はただ白兵突撃ばかり強いられた。装備十分で待ち構える敵に跳ね返され、雨のジャングルで痩せ衰え、血便を垂れ流しながら死んでいった。「白骨街道」には今も「英霊」がさまよっている。

ところが杉山、寺内、河辺、そして牟田口。指導者たちは一人として責任を取ることなく生き延びた。陸大出の軍エリートの責任感とはそんなものだったのである。

こういう無責任主義が今の民主党政権にまで流れている。

●『インパール』（高木俊朗著、文春文庫、一九七五年）▽『責任なき戦場インパール』（ＮＨＫ取材班編、角川文庫、一九九五年）

「ばかの四乗」の悲惨

どうやら政治は喜劇で、政治家はコメディアンらしい。

「言うだけ番長」と書かれたからと、民主党の前原誠司が産経新聞記者を記者会見場から追い出したというのには笑った。気にしていることを言われると人は怒る。

党代表のときのメール事件にしろ、国土交通相になったとたんの八ッ場ダム建設中止宣言にしろ、「言うだけ」だった。人材払底とみえて、こんな程度の男がやたら要職を歴任するのが不思議である。

与党政調会長として何をどう囀っているのか知らないが、新聞記者が「言うだけ」とからかいたくなったとして何の不思議もない。

民主党という集団は前原だけに限らない。鳩山由紀夫も言うだけ。菅直人も言うだけであった。発言の後始末をしない。野田佳彦も育ちは争えない。駅前演説風にぺらぺらしゃべっているが、それだけだ。いっそ「言うだけ党」と改称したらいい。名実ともに一致する。

「民間事故調」というやつの素姓は知らないが、原発事故を調べたという報告書に描かれた当時の首相菅直人の行動にも笑った。担当者に自ら電話をかけて、蓄電池の容量やら縦横の長さやらを細かく尋ねたとある。総司令官大将の位置にせいぜい小隊長少尉ほどの器量もないのが座ってうろちょろしていたわけで、初動に失敗するはずだ。「言うだけ党」には「笑うしかない党」との併称も認めたい。

「言うだけ」とは無責任の謂で、典型は帝国陸軍に見られる。平和呆けの国で「言うだけ番長」が「言葉遊び」に興じているのは喜劇だが、太平洋戦争中のインパール作戦のように生きるか死ぬかの戦では、「言うだけ将軍」の存在がとんでもない悲劇をもたらした。

動員された十万を超える将兵のうち三万が戦死、四万が傷病を負うという大敗北であった。これに誰一人として責任を取る者がいなかった。暗然としてくる。

ただ一つの救いは、ひとり職を賭して抗議に及んだ将官がいたことだ。第三一師団長佐藤幸徳の行動を高木俊朗は『インパール』刊行の十七年後に『抗命』に書いた。

山形県出身、陸軍士官学校二十五期。第六師団参謀、歩兵第七五連隊長、南方派遣第三一師団長。つとに「猛将」で知られた。

第一五軍司令官牟田口廉也は麾下三個師団を三方からインパールへ向かわせる作戦を立てた。橋のない大きな河を渡り、日本アルプス並みの山岳を越えなければならず、後方補給が難しい。反対する参謀長を牟田口は更迭し、「聞くだけ参謀長」を持ってきて強行する。

奇襲ですぐに片がつくと踏んでいた。兵站ということを軽視し、自動車も馬も不足なら、物資輸送に牛を使い、後は殺して食えばいい。これを「ジンギスカン作戦」と名づけ、三万頭を超える牛を徴用した。成吉思汗の戦法に学んだのだと得意げだったり、あるいは青々とした山々を見て、野草を食料にしろ、日本人はもともと草食人種だと言ったりしたというから、こんな司令官に使われた兵隊は不運というほかない。

第三一師団に下達された命令は、最も険しい北回りの進路をとってインパールの北百三十キロのコヒマへ進軍せよというものであった。

佐藤師団長は第一五軍兵站参謀に対して「補給の任務は軍司令部の責任だ。師団の仕事にあらず、大丈夫だな」と念を押し、弾薬、糧食の補給継続を約束させた。そして師団に檄を飛ばした。「今や我等はただ突進あるのみ。猛進あるのみ。挺身あるのみ。以て上、聖明にそいたてまつるとともに、一億国民の待望にむくいんのみ」――それが一九四四年三月十一日である。

チンドウィン河まで来た部隊は三月十五日薄暮、渡河作業を開始。

渡河の際、泳げぬ牛が半数出たが、荷を背負ったまま流れて行くのを見ているほかない。渡れた牛も次々と山道で倒れて動かなくなった。目的地に着いた牛はいなかった。ジンギスカン作戦をはじめ、牟田口の思惑はことごとく破綻した。しかし当人が全てを断念するまでなお四カ月を要するのである。

第三一師団はいったんコヒマを占領。しかし厳しい敵の反撃に遭う。補給は来ない。食糧なく、弾薬なく、兵器もない。それでも六十日間の激烈な攻防戦を耐えた。

ついに佐藤は「補給がなければ、五月末日以後は現在地にとどまることはできない」と、軍司令部に伝える。これに「物資の発送を命じた」「補給が軌道に乗る」といった返電が来た。それだけだった。現物は来ない。

六月一日、佐藤は決断を下す。

「今や刀折れ、矢尽き、糧絶え、コヒマを放棄せざるべからざるは、真に断腸の思いにたえず。補給を受け得る地点へ移動せんとする」

師団長独断による撤退。前代未聞の「抗命退却」である。退却行の惨状は筆舌に尽くし難い。往路の牛のように、今度は兵が次々と動かなくなった。餓死、手榴弾による自裁が後を絶たない。

すぐ蛆がわいた。腐臭と豪雨の「白骨街道」をさまよう幾万の将兵。「この悲惨さをもたらしたものは、軍の首脳部や指導者の無責任」と高木俊朗は難じてやまない。

「生きていることは、まさに奇蹟」という生還兵の告白がある。「おそまきながらでも、われわれを助けてくれたのは佐藤閣下です」。

牟田口は何かというと「抗命罪にしろ」とか「軍法会議にかけろ」と怒鳴り、急変する感情のままに部下を追い使った。「佐藤は、食う物がないから戦争は出来んと言って勝手に退りよった」と罵倒し、解任する。これで麾下三個師団の師団長三人が三人とも作戦中に解任されたことになった。

佐藤は軍法会議で軍司令部の責任を追及して戦う決意を固める。ところが「心神喪失」とされて不起訴となった。天皇が親補する師団長職を罰すれば、それは天皇の誤りを問う意味を持つからと、陸軍は佐藤審問を回避したのだった。

佐藤が残した回想録に言う。

「大本営、総軍、方面軍、一五軍というばかの四乗が、インパールの悲劇を招来したのである」

この筆法によれば、こんにち民主党政権の喜劇は「言うだけ」の四乗が招いたものか。

●『抗命——インパールⅡ』（高木俊朗著、文春文庫、一九七六年）

「茹でられ蛙」の運命

民主党政権がもたついている。旧帝国陸海軍の末期に似て、断末魔のうめきが聞こえるようだ。旧陸海軍をだめにしたのが陸軍士官学校から陸軍大学校を出たのや海軍兵学校から海軍大学校を出た「職業軍人」であったとすれば、政権交代の期待を哀れにもことごとく裏切ったのは、弁護士上がり、松下政経塾上がり、市民運動家上がりに駅前弁士上がりといった「上がり政治家」のせいである。そうそう、忘れてはいけない。イランことをすぐ口にする、お金持ちのお坊ちゃん上がりというのもいた。

こんなことは具眼の士には先刻承知のことであって、「弁護士による政治」の限界をいちはやく指摘したのは、毎日新聞の伊藤智永であった。この記者、どういうわけか「辺境」のジュネーブあたりにいて、ときどき思い出したように「発信箱」なる欄に送ってくる。こんにち新聞に溢れかえるコラムのなかで、わざわざ探してまで読みたくなるのは、日本経済新聞運動欄の豊田泰光「チェンジアップ」と伊藤の「発信箱」を双璧とする。読まずにいると何だか損をした気になるのである。

伊藤はつとに「弁護士だらけ」の政界の現状に疑義を呈していた。「すでにある法律を使うのと、新たに法律を作って国を導くのとでは方向が逆。弁護士は政治家に向かない」とする引退長老の言葉を引き、「本物の政治家には直感と蛮勇、常識外れの執念が不可欠だ。権力の行使には、悪徳をものみ込む度量が要る。正義と論理で世の中渡ってきた弁護士さんがなろうとしても、どこかに無理が出る」と危ぶんでいた。どこか胡散臭い仙谷由人や枝野幸男の口先を遠望するに、「正義と論理」とは褒めすぎで、あれは三百代言の標本と見るのが真っ当であろう。

政権交代で何か世の中が一変するかのような幻想を振りまいてきた新聞が、このところやけに政権こきおろしに転じた風だが、伊藤はすでに昨年六月、民主党幹部を十把一絡げに、誰も彼も政治家にとって不可欠な修練の機会を逸してしまった連中に過ぎないと断じ、首相が菅直人だった八月に「政権交代は幻影だった」と見限った。

「民主党には綱領がない。つまり、目指す政治がない。国民生活第一とか脱官僚なんて何も言っていないに等しい。自民党から政界に出られなかった人たちの『第二自民党』なのである。二大政党制とか政権交代だけで政治が変わるというのは空言だった」

政治が変わるにはそれにふさわしい政治家が出てこなくてはいけない。日本にはそれが出ない。菅に代わった野田佳彦も、どう見ても託すべき政治家ではなかった。あわてて「リーダー論」などをやっている新聞・雑誌があるが、何をいまさらである。

「リーダーは、環境と機会を通じて経験を積まないと育たない。自民と民主はすでに失敗した。日本はこの先も荒涼たる人材払底の現実を生き抜かねばならない」という伊藤の観測はもっともだ。

大地震、原発事故、財政危機、デフレ不況、自殺者三万人……問題山積の国難に遭って何ら有効な手を打てないでいる「政治主導」を目の当たりにして、われわれはただこれを甘受するほかないと思われるとき、「危機なれ」という言葉を思い出した。山本七平が『一下級将校の見た帝国陸軍』の中で使用した用語である。

戦局大きく傾いた一九四四年の二月一日、米軍はマーシャル群島に上陸、クェゼリン・ルオット両島の守備隊六千八百人が全滅した。

「敵は着実に一歩一歩と前進して来るのだが、このころになると逆に危機感がなくなり、アッツのときのようなショックは、だれも感じなくなっていた」と山本は言う。「『危機なれ』というのであろうか。人間にはまことに奇妙な『なれ』がある」。

徐々に危機が迫るとき、「狼が来る、狼が来る」とはだれも言わなくなる。逆に「大丈夫、大丈夫」「平気、平気」の声があがり、「島が一つ二つとられても、大勢には影響ない」とか「いまの速度で米軍が進攻しても、内地に到達するには六十年かかる」といった楽観論が、まことしやかに語られたというから、思うに、これは茹でられ蛙のごときものか。

いきなり熱湯に入れられた蛙は飛び跳ねて逃げるが、水から茹でられると、だんだん上昇する熱さに気づかず死に至るそうである。

原発事故を巡ってことさらに楽観論を流すのがいる。当初、放射能漏れを「さしあたっては健康に影響ない」と言いくるめようとした枝野官房長官（当時）が、こんどは経済産業相として曖昧な言動を繰り返して原発稼働に躍起だ。

判断を国家に依存しては泣きを見るとは、先の敗戦の教訓であったはずである。過誤を繰り返すべきでない。

「人間は、置かれた実情が余り苦しいと、未来への恐怖を感じなくなる」と山本は述べている。それは、今の状態に耐えているのが精一杯、「どうでもいい」という形で、それ以外の思考が停止するからである。思考停止に陥ると、「絶対やってはいけない」と言っていたことを一転「やれ」と命じる。上に命じられて下は反論もせず実行する。「上官の命令は天皇陛下の命令」だからだ。

かくして「戦闘機の援護なく戦艦を出撃させてはならない」と言いつつ、戦艦大和を出撃させ、また「相手の重砲群を壊滅しない限り突撃をさせてはならない。墓穴に飛び込むだけだ」と言いながら、突撃を命じたのであった。

「フクシマを再現させてはいけない」と言いつつ、ひたすら原発稼働にひた走る民主党政権は帝国陸海軍と同じく瓦解するであろう。

ガダルカナル、アッツ、マキン・タラワ、クェゼリン・ルオットと相次ぐ悲報に接しながら、四四年春の「インパール快進撃」の報に何とかなると日本は思っていた、と山本は書いている。一年半後に無条件降伏が来ようとは予想だにしていなかったのである。

今また、われわれは茹でられ蛙と化していないか。

●『一下級将校の見た帝国陸軍』（山本七平著、文春文庫、一九八七年）

やがて悲しき調査報道

新聞と新聞記者への批判が強い。評判の悪さは今に始まったことではないが、去年の「三・一一」以来、目立って悪くなってきている。現役のなかには、「大震災以後、新聞の信頼は上がっていますよ」と楽天的な輩もあるが、読者の見方はそんなに甘くはない。

「新聞は本当のことを書いているのか」という評言が、わたしのようにすでに世間とはほとんど没交渉で、ただ本と酒と、ついでに医者巡りに日を消すのみの隠居暮らしにも聞こえてくる。要するに新聞記事は「大本営発表」ではないか、と問うているのである。

戦前戦中、新聞は大本営の発表を垂れ流した。敵に与えた攻撃効果を過大に見積もり、自軍の損傷は過小に数え、撤退を転進と言い、全滅を玉砕と飾った。伸びきった戦線のあちこちで、すでに壊滅的敗走が始まっているのにその実相を伝えず、国民を欺いた。

戦後の新聞は、その反省から出発したのであった。

それなのに、例えば福島原発事故をめぐる記事が「大本営発表」に比せられるとすれば由々しき事態と言わねばならない。戦前は国家の言論統制があったから仕方なかったという言い訳ができた。検閲など今はない。だのに当局発表のままかと目されては万事休すではないか。新聞に求められているのは政府や東京電力が秘密にしている事実を暴くことだ。すなわち調査報道に徹することである。

朝日新聞社会部でリクルート事件や談合キャンペーンなど調査報道の数々を手がけ、「新聞界にその人あり」と知られた山本博は、調査報道を「ニュースソースを当局に頼らず、放っておけば将来にわたっても公表されないだろう当局にとって都合の悪い、隠しておきたい事実を、ジャーナリズムが直接、調査取材し、自らの責任で明るみに出すこと」と定義した。

要約すれば、それは「公権力の監視」ということである。つまり、「公権力の隠れた疑惑、腐敗、ウソなどをジャーナリズムが自らの責任で調査し、国民の知る権利に応える行為」ということだ。

遺憾ながら山本の後に山本なしで、朝日ではリクルート事件以後、調査報道の伝統は長らく途絶えた。しかし種が風に乗って飛び、どこかで芽を吹くように、高知新聞、北海道新聞と警察の裏金づくりを明るみに引き出す調査報道が近年相次いだ。新聞見物人のわたしとしては、新聞の存在理由が再認識されてよかったと思っていた。

新聞には二種類ある。面白い新聞と面白くない新聞と。発表ものばかりの新聞が面白いわけはない。面白い新聞とは、独自の調査報道に満ちている新聞である。警察裏金を追及する高知新聞や道新は連日きっと面白かったろう。

ところが高田昌幸著『真実――新聞が警察に跪いた日』を読んで愕然とした。

これは一体どうしたことか、なぜこんなことになるのか。

二〇〇三年晩秋に始まった道新による北海道警の裏金問題追及は、全国紙のだらしなさを尻目に見事なものであった。高田は報道本部デスクとして取材指揮を執った。テレビに抜かれた発端から、実名の内部告発者が現れて、組織ぐるみの不正があぶり出される経緯は、すでに刊行されている『追及・北海道警「裏金」疑惑』に詳しい。

高田の新著は、「追及その後」を記録したものである。新聞協会賞、日本ジャーナリスト会議大賞、菊池寛賞の三賞を受けた道新の取材班は、思いも寄らぬ反動に見舞われる。その挙句、高田は二十五年間勤めた道新を辞めるのである。

高田は基本方針を三つ掲げた。①道警に裏金づくりの実態を認めさせる②取材には道警担当記者が当たる③問題を一道警の問題に終わらせない、の三つである。方針どおりに突き進むのだが、とりわけ②に高田の理念が出ている。

こういう取材は遊軍が班を作って当たるのが「常識」であり、記者クラブ常駐記者は外れる。日ごろ材料をもらう相手に「あなたは不正をしていますか」と聞くわけにはいくまいからだ。そこを高田は「記者クラブに常駐するのは権力監視のためなのだ」という信条に立って、これを貫こうとした。

だが赫々たる成果を挙げた取材班を、社外と社内と二方向から、想像を絶する逆流の波が襲ったのであった。

最初は些細に見えた。元道警総務部長――巡査から警視長にまで立身した男が、取材班が出した本に引用されている自分の発言を否定し、これを「捏造」と断じて訂正と謝罪を要求して来た。じくじくと執拗だったが、高田らは大事になるとは思いもしなかった。

〇五年三月、道新が打った「麻薬捜査の失敗」を暴露する特ダネを道警が全面否定して局面が転換する。道警は道新に記事の削除を要求。これが元総務部長による抗議に連動して、「道新は捏造体質」といった大攻撃が強まるのである。

外からの動きに呼応して、社内に取材班を貶めようとする策謀の波が起きる。やっかみやそねみは新聞社にも珍しくないから驚くことはない。驚くべきことは、誰も知らないところで道新幹部と道警側との秘密交渉が繰り返されていたことだ。信じ難いが手打ちの条件まで話されていた。広告局に属《ぞく》する社員の金銭不祥事が発覚して、道新経営陣は道警との友好関係を取り戻したい一心にかられていたのだ。

元総務部長は高田らを名誉毀損で提訴。道警も「けじめをつけろ」と言い続ける。「けじめ」とは「情報源を明かせ」ということだった。連中はまだ「道新のネタ元」を知らない。突き止めるのに躍起なのだと気づいたとき、この勝負は負けるかも知れないと高田は観念した。「情報源は絶対に言えない」とすれば、敗訴になるだろう。

社内では「査問」まで開かれた。高田らは再三「情報源」を質される。言えば道警に筒抜けになるからと拒否したが、社長の意向を受けての査問だったと知って、もはやこれまでと、高田は道新に見切りをつける。

腰の据わらない経営陣というのはどうしようもないものだ。

「おもしろうてやがて悲しき……」と芭蕉は鵜飼を詠んだが、道新の調査報道はさながら鵜飼のように終わったのであった。

●『真実――新聞が権力に跪いた日』（高田昌幸著、柏書房、二〇一二年）▽『追及・北海道警「裏金」疑惑』（北海道新聞取材班著、講談社文庫、二〇〇四年）▽『調査報道がジャーナリズムを変える』（田島泰彦・山本博・原寿雄編、花伝社、二〇一一年）

ホラ話は世に絶えず

メディア評価研究会（今西光男代表）がネット上に週三回発行している「メディアウオッチ100」の第百九十六号で、山岸章が「自民党政治より、いまの民主党政治のほうが悪いかも知れない」と述べていた。

政権の質の悪さを今さら云々するのも詮無いが、退いたとはいえ、民主党を支持する最大組織連合の初代会長が「今の政治に愛想が尽きた」と見放し、「昔なら、テロかクーデター、暴動が起きてもおかしくない」とまで危機感を露わにするのはただごとでない。

やらないはずだった消費増税がいつの間にか唯一の政策となり、鳴り物入りだった「子ども手当」はどこへやら、「コンクリートから人へ」と見えを切って「やめる」と宣言したダムも、担当閣員が代わるや「つくる」に変わり、「原発」も首相すげ替えで方針転換。あれよ、あれよのオセロゲームだ。政権政党の公約がことごとくホラだったのには、目を白黒するばかりである。

一句浮かんだ。マニフェストとは日本語で言やホラ話。

ホラ話は落語ダネには恰好だ。「宿屋の仇討」というのがある。

宿に「万事世話九郎」と名乗る侍が泊る。

「きのうは相州小田原泊りだったが、相客がうるさくて眠れなかった。静かな部屋を頼む」

隣室に入ってきたのが伊勢参りから江戸へ帰る三人連れ。これが芸者を上げて、飲めや歌えのどんちゃん騒ぎ。侍が宿の若い者を呼び、文句をつけて静かになった。だがしばらくすると、今度は三人で相撲を取り出してどたんばたん。侍、また若い者を呼ぶ。静まるが、今度は源兵衛というのが「おれはもてた」という話を始める。

川越で商いをしていたとき、小柳彦九郎の奥方といい仲になった。亭主の留守に密会中、小柳の弟に見つかり、刀を振りかざして追いかけられた。庭で相手が転んだので、刀を取り上げて斬り殺した。奥方が百両持って「連れて逃げて」と言うのを、足手まといになるとこれも殺し、百両を奪って逐電した。以来三年、まだ知られていない。「間男して、大金取って、どうだい、おれもたいしたもんだろ」「へえっ？」と驚きの二人。「源兵衛は色事師」「源兵衛は色事師」と囃し立てる。侍が三度若い者を呼んで言うには「拙者、実は小柳彦九郎である。探していた仇がようやく見つかった。今討っては当家の迷惑だろう。あす出会い仇ということにする。もし逃げたらお前たちも斬るぞ」。仰天した源兵衛が「実はホラ話で」と弁解するが、侍は聞かない。宿では三人を拘束。だれ一人として眠れない。

朝になり、侍が出立する。

「あれに仇を捕えてあります」「はて、何のことだ？」「探しておいでだったという」「なに？知らぬ」「だって、お侍、昨夜……」「ああ、あれか、あれは座興である」「何でまた」「ああでも申さんとな、拙者が夜っぴて眠れない」

何かにつけてつい、なかったことでもあったかのように喋るお調子者がいる。奉仕の精神の持ち主に多い。太宰治なんかその癖が強かったのではないか。生来の小説家とか酔っ払いの新聞記者には気をつけたほうがいい。

オチがついて喜劇で収まれば結構だが、ことによれば悲劇になる。

日中全面戦争が始まった一九三七年（昭和十二年）、日本陸軍の少尉二人が「百人斬り競争」をしたという記事が東京日日新聞（今の毎日新聞）に載った。進軍中、二人は次々と中国兵を日本刀で殺害していったというのである。

戦争が終わって二人は戦争犯罪を問われて死刑となった。さらに戦後四半世紀経って、朝日新聞の本多勝一がルポ『中国の旅』に中国側から聞いた話として「百人斬り」を取り上げた。そこで、これが事実かどうかで論争が起きた。

聞いた話を書く。それが新聞記者の仕事である。初報を書いた浅海特派員も本多も「聞いた話を書いた」わけであろう。新聞記者が殺人事件の記事を書いたからといって「お前は現場に居合わせたわけでもないのにおかしいではないか」と言われる筋合いはない。

ただし書くには事実と信じるに足る下支えを持つべく努める。そのための取材だ。まさか端から嘘だというのは書かない。新聞記者の、それがなけなしの矜持である。

「百人斬り」については、毎日新聞社と朝日新聞社を相手取って両少尉の遺族が「記事はうそ」として損害賠償の訴訟を起こした。下級審は「全くの虚偽であるとは認めることはできない」と認定し、「具体的内容には虚偽、誇張が含まれている可能性がないとは言えないが、競争自体を記者の創作と認めることは困難」と裁断した。最高裁も上告を棄却し、決着はついたことになっている。

だがこの「百人斬り」が今もニュースになる。昨年九月、長崎県のある町の中学教師が「平和学習」の授業で教材に使い、今年一月の日教組教研集会で発表した。すると右翼による抗議の車が中学校に現れ、町は騒然となった。

町教委は教師を文書訓告処分とし、定年後の「再任用」を認めなかった。「百人斬りは事実だと明確に認められておらず、その記事を示して指導にあたったのは不適切」というのが町教委の見解だ。

ベンダサンこと山本七平に『私の中の日本軍』がある。フィリピンでの戦場体験をもとに兵士の異常心理に言及し、戦闘のあとの高揚した気分を指摘して、「百人斬り」は虚報と断じたこの本は読むに値するが、こんなくだりがあった。

戦犯容疑で召喚された元少尉の一人は、夫人に「もしや百人斬りのことが……」と聞かれて「あんなことは、ホラさ」と言ったという。

「何だ、それじゃ、ホラを吹いてあたしをだましたのね」「気にすることはないよ。大本営が真っ先にホラを吹いてたんだから、そんなことをいい出したら、国中にホラ吹きでない人は一人もいなくなる」

しかしそのまま元少尉は帰って来なかったから、このオチは笑えない。

笑うべきは大本営並みの現政権だ。「交代」とは「後退」だったとオチをつけるほかあるまい。次の総選挙で民主党は多数が落ちて泣くことになるだろう。

●『私の中の日本軍』上・下（山本七平著、文春文庫、一九八三年）

「才匠」涌井昭治を悼む

マリー・ローランサンに「鎮静剤」（堀口大學訳）という詩がある。

「退屈な女より／もっと哀れなのは／かなしい女です」

かなしい女より哀れなのは不幸な女、不幸な女より哀れなのは病気の女……そして最後はこうだ。「死んだ女より／もっと哀れなのは／忘れられた女です」

テレビ劇演出家鴨下信一に名著『忘れられた名文たち』があって、そこで新聞記者の文章は「不運な文章」とされて同情の対象だ。

「日々の報道記事はことの性質上難しいとはいえ、各紙の特色あるコラムの文章などはもっと今に伝えられていいのではないか」

斎藤緑雨、杉村楚人冠、阿部真之助、鈴木文史朗、門田勲、細川忠雄、荒垣秀雄、深代惇郎、辰濃和男……と記憶に残る新聞記者を挙げて、鴨下はその特徴を「短いセンテンス、装飾的語句の排除、ドライなタッチ、しんらつな観察眼等々」と評言している。

この記者たちの文章は幸いにも一度は単行本になった。しかし大抵は絶版で、読もうとすれば古書店を回って探すほかなく、「不運な」と言われても致し方ない。

「忘れられない文章」を書いた一人の新聞記者がいた。

涌井昭治のことである。七月五日、老衰で死去、八十四歳。訃報には「週刊朝日編集長や朝日新聞社の出版担当役員などを経て、一九九一〜九七年に九州朝日放送社長を務めた」との経歴が四行付せられていたが、しかしこれでは故人の真面目は伝わらない。死亡記事にはその人の人生を象徴するくだりがなければならない。でなければただの死亡通知に過ぎない。

涌井昭治は二七年生まれ、東大美学美術史科を出て、五三年朝日新聞に入り、社会部。六七年四月から一年半にわたり夕刊に三百六十五回連載した「山手線」という記事で、関心を持つ向きの関心を一身に集めた。それは新聞文章史に屹立する作品であった。

例えば第一回「品川」は「出庫」と題され、こう書き出される。

「品川電車区。始業点呼。／『山手第四五〇電車、品川始発四時二〇分。外側運転。ただいまから乗務します。／健康、休養状態、異常ありません。時計の斉正を行います。現在、三時十七分三十秒』」

そのあと運転士は入替え線の一編成八両の全車両について、「コックようし」「制輪子ようし」「短絡器ようし」と指差と喚呼を繰り返して異常の有無を確かめていく。「群衆を背に、同じ所をぐるぐる回る山手線の運転は孤独で単調な作業だ。しかし、だれもいない操車場で、百数十回も繰返す、このひとり言こそ孤独である」

一回わずか六百字余り、データを叩き付けて生じる律動が新鮮だった。わたしはまだ学生であったが、よほど感じ入ったのであろう、最初のほうの三十回分をスクラップしていた。以後度々の転居で紛失物多数をよそに、これは今も所持している。開くと、新聞紙の黄ばみに四十五年の歳月を感じないわけにいかないが、文体の瑞々しさはまったく古びていない。

駅史を摘記し、周辺の風俗を描き、時代の変容を観察し、そして随所に記者の感懐を挿入し、一回一回が人々の鼓動を伝えていた。

例えば、東京駅には小銭及び有効切符を集める「地見屋」や、クズ入れから週刊誌を回収する「新品屋」といった「珍商売」がある。

また、池袋駅周辺の商店の親は、学校から帰って来た子どもに「さあさ、デパートいって遊んでおいで」と言う。子どもたちはエレベーターでかくれんぼをし、おもちゃ売り場で勝手に遊ぶ。

さらにまた、新宿には推定一万数千人のホステスがいるが、大半は上京組の東京一世だ。兼業農家のようにかけもちが多い。昼は事務員、夜は酒場で深夜はスナック。あるいは昼、美容院、夜、バー、深夜、お茶づけ屋。その勤勉さとつましさを物語る家計簿の数字。

事件事故と並ぶ社会面の花は街ダネである。人をめぐる話、ちょっといい話、しみじみした話。市井の息吹を伝えて、笑わせ、涙ぐませる。デスクは「街ダネを書け」と叱咤してやまない。だが逸品はめったにない。記者の感覚と筆力次第、非凡な出来は稀なのである。

「山手線」は秀逸な街ダネであった。「涼しい風の吹き込む窓」であり、「東京という大都会の今日の顔や体臭がビビッドに表現されている」と絶賛された。駅をだしに似た企画が繰り返されたが、「山手線」を抜くものを見ない。

涌井は社外協力者やアルバイトから成る取材班を駆使し、ふんだんに素材を集めた。それを板前よろしく縦横にさばいて東京を書いた。素材主義は涌井の方法であった。ベルナール・ジケルがニューヨークを描いた『イッピー番外地』を翻訳しているが、自分の訴えたいことを生で叫ぶような野暮なことはせず、徹底して素材に語らせるというジケルの手法に共感するところがあったと思われる。

しかし涌井は文章を捨て、編集者の道を行く。同期に深代惇郎（天声人語子、四十六歳で死去）

がいたことがそうさせたのかも知れない。デスクとして都会的感覚があふれた都内版を作り、週刊朝日編集長に転じては、扇谷正造時代の最高百五十万部の二割くらいに落ち込んでいた発行部数を五十万部台にした。鋭い時代感覚、ひらめき、絶え間ない勉強。涌井には「才匠」という尊称がふさわしい。涌井後、週刊朝日はまた失速した。凡庸もしくは無能な編集長が続いたせいであろう。

私事ながらこの七月、新聞記者の先人に関する『新聞記者の流儀』というのを朝日文庫から出した。元本の『記者風伝』になった記事を書いていた五年前、涌井に会おうとして、すでに叶わなかった。

涌井は出版局長、取締役から系列放送会社の社長に出た。当人が選んだのだろうが、しかしさぞかし虚ろな歳月だったことだろう。深代は早死にし過ぎたが、涌井は長生きし過ぎたのである。もとよりそんな晩年に関心はない。ただ、「山手線」について一言告げたかった。あの文章を忘れたことはありませんでしたと。

●『東京新誌――山手線いまとむかし』(涌井昭治著、朝日新聞社、一九六九年)

妖精のようだった妻よ

小津安二郎は死の床で癌の痛みに耐えかね、「痛みに指数はないのか」と毒づいたという。訴えたくとも「痛い」という言葉しかない。痛さを「きょうは一一二」とか「いま一〇〇」とか表せれば、少しは伝わるかと思ったのであろう。

何事も数字化すれば理解できる気になる。どうやって計ったのか知らないが、小此木啓吾著『対象喪失』に米国の精神科医が作成した「ストレス値」表が載っていた。人生で遭遇する出来事の「変化に適応するためのストレス」というやつで、それによると一番高いのが「配偶者の死」一〇〇である。これに比べれば、「職場の上役とのトラブル」なんざ二九に過ぎず、屁みたいなものだ。ばかな上司と衝突しても気にすることはない。

よく言われることに、夫を亡くした妻は速やかに立ち直るのに比べて、妻を亡くした夫というのはどうしようもなく、いつまでもめそめそ、うじうじとしていて、後家より男やもめのほうが余命も短い。

通夜の席で「俺もすぐ行くから待っていてくれ」と棺に取りすがって泣くのがいる。早く後を追わせてやりたいくらいだ。あいにく生き延びた夫はどうしたらいいのか。ばか話をしたり、他愛ないことで喧嘩をしたりの相手を失い、砂を嚙むような日々の男やもめにできるのは妻を回想することくらいらしい。有名無名を問わず、その類の書物が流布する所以である。

◇

「二〇〇〇年二月二十四日、杉浦容子、永眠。享年六十八」

と、城山三郎は原稿用紙に書き記していた。

妻の死後七年を作家は生きたが、仕事場に「ë」と印の付けられた原稿の断片が残っていた。「ë」とは「ヨウ」と発音されるロシア文字。「容子」を指すとは自明で、若年時にロシア語を学んだ城山が選んだ記号であった。

一橋大学生の城山とまだ高校生だった容子とは、臨時休館した図書館の前で偶然に出会った。その瞬間「妖精が落ちて来た」と感じ、「ゆくゆくは伴侶に」と考えたというから、こいつは運命だった。

明るい、些事に拘らない、お茶目なところのある妻だったという。

「『おい』と声をかけようとして　やめる／五十億の中で　ただ一人『おい』と呼べるおまえ」（「妻」）

「さて／おまえの乳房をつかんで眠れば／地球ははじまり／地球はおわり」（「愛」）

と、城山はうたった。

癌と告知された容子は、「ガン、ガン、ガンちゃん　ガンたらら……」と歌いながら現れた。広げた腕の中へ飛び込んできた妻を「大丈夫だ、大丈夫。おれがついてる」と抱きしめることしか、夫にはできなかった。

「手術はしない、抗癌剤も使わない」という希望に従って、わずか四カ月という短い最終章。

「四歳年上の夫としては、まさか容子が先に逝くなどとは、思いもしなかった」

受け入れるよりない。だがうまく慣れることができない。話しかけようとして、われに返る。

「そうか、もう君はいないのか」

通夜はしない。告別式もしない。喪服は着ない。お墓は決めても、墓参りはしない――まるで駄々っ子のように妻の死を認めようとしなかった夫は七年後、「ママは？」と声なき声で倅と娘に問いかけたあと、永遠に目を瞑った。

◇

「家内、川本恵子は二〇〇八年六月十七日の未明に食道癌で逝った。足掛け三年の闘病の末だった。私より七歳下、まだ五十七歳だった。私と家内の母が最期を看取った」

朝日新聞出版局の雑誌記者だった川本三郎は、全共闘運動の取材で行った武蔵野美術大学で、二年生の恵子と出会う。「どこか妖精のようだった」

記者としてまだ駆け出し同然の川本は、自衛官殺人事件の犯人と接触し証拠隠滅をした。取材活動からの逸脱を問われ退社処分になる。「この先、どうなるか分からない。結婚出来る身ではない」と、恵子に婚約解消を申し出た。

気丈で、確固たる信念を持つ二十一歳の彼女は、新聞社を首になった二十七歳の男に向かってこう言った。

「私は朝日新聞社と結婚するのではありません」

夫が筆で一本立ちするのを妻がどう支えたかは想像に余りある。自分もファッション評論の仕事を始めた。家政を一手に担い、確定申告の還付金がまとまった額で返ってきたとき、夫が調子に乗って「寿司屋に行こう」と言い出すや、「駄目」とすかさず却下した。「あの店は私たちには贅沢すぎる」。

あるとき「無頼派で、また、反権力的」だった評論家が病気で倒れた。闘病生活の資金が必要だと奉加帳が回ってきた。

恵子は毅然として言った。

「こんなことをするなんて甘ったれているわ。お金を払うのが嫌だから言うんじゃないの。自分の身は守らなくては。私はあなたが病気で倒れても絶対にお金のことで人に頼らない。そのために節約しながら貯えもしているんだもの」

やがて寿司屋へも行けるようになった。二人で呑んだ思い出は尽きない。しかし今はそれが切ない。

「私より七歳年下の家内がこんなにも早く逝ってしまうとは夢にも思っていなかった」

夫は泣き虫だが妻は泣かない。『東京物語』にも『二十四の瞳』にもすぐ涙ぐむ夫の傍で妻は平然としている。癌の告知にも泣かなかった。死の直前、「新緑を見たい」と言う。車椅子を押して外へ出た。

「家内は木々の若い緑と、遠くを走る中央線の電車を黙って見ていた。そして突然、静かに泣いた」

初めて見る妻の涙であった。「私はただ家内を抱くしかなかった」。

◇

生涯独身だった小津の『東京物語』で、妻に死なれた夫が「こんなことなら、生きとるうちにもっと優しうしといてやりゃよかったと思いますよ」と言って寂しく笑う。「一人になると急に日が永うなりますわい」。

　残された夫たちは深い悔恨と何もしてやれなかったという無力感を抱えて、永くなった日々を消していかねばならない。

●『そうか、もう君はいないのか』（城山三郎著、新潮文庫、二〇一〇年）▽『いまも、君を想う』（川本三郎著、新潮社、二〇一〇年）

会うは別れのはじめ

「お前百までわしゃ九十九まで」と言うよね。あれは要するに、おれが一足先に逝く。あとは女房どのが始末してくれる、ということだよな、と聞いて来た男がいた。ああ、きっとそうだろう。亭主が一人残るのは哀れだしね、と答えておいた。

ところが念のため『故事俗信ことわざ大辞典』を引いたら「お前」は夫、「わし」は妻とある。すると先立つのは妻であって、一人になるのは夫の方だ。

幸福な家庭が相似ているのと違い、不幸な家庭は不幸の度合いを異にしているから似ていないと言った人がいたが、妻に先立たれた夫どもの不幸ぶりは一様で、顔つきまで似通ってくる。

まず妻の病気の発端に気づかなかった点を反省し、進行をどうすることもできなかった次第を悔い、いよいよ取り返しがつかないと知って取り乱し、いざ見送るときには気もそぞろ、いなくなったあとは不便と不条理を嘆き、しかし忍ぶほかないと観念するのだが、その覚束なさと言ったらない。

その後に訪れる妻不在の日々。何も手につかない。何か書き始めると、これがまた一律、死んだ妻はいかに素敵な女性であったか、ということなのである。

◇

「夫の方が先に逝くのが世のならい」と徳岡孝夫も錯覚していたらしい。雑誌『諸君!』の匿名コラム「紳士と淑女」の筆者だった徳岡は名文家で知られる。そもそもは毎日新聞記者であった。

キシャ以前トロッコとして高松支局へ赴任した徳岡は、支局に同居の系列会社に勤めていた一つ年下の和子を見初めた。親の反対を押し切って結婚する。

「己が葉にくぐもり咲くや寒椿」というタイプの女だった、と書いている。分を知り、贅沢を好まず、五十代になって歌舞伎座行きを趣味としたが、銀座の旨い店をいくら勧めても、「スーパーで買っていった安い弁当をロビーのソファに座って食べる」のだった。

「希望通りカネを追わず地位を追わぬ生活が出来たのは、誰でもない和子の倹約のおかげであった」

大阪、東京、バンコク、また東京と勤務地が変わるたびについて行き、夫を支えた。

バンコク特派員時代はちょうどベトナム戦争の渦中で、徳岡はしばしば戦場へ入った。

「ぼくが死んでも、現場を見に来るんじゃないよ」「ふん、分かった」「死体が帰らないかもしれない。遺品を送ってくるだろう。それを置いて線香を立てればいい」「でも、まあ死なないでしょう」

と、冷静な会話を交わす夫婦だった。一度夫が「所在不明」になったが、妻は少しも騒がなかった。

「和服を着ると立ち姿のいい、上品で美しい妻」の腎臓に癌が見つかり急速に悪化した。限りが来る。息子が「行きたいところがある?」と聞いたら、「高松」「どのくらい?」「ずっと」と答えたという。それを聞いて夫は愕然とする。

思えば「生まれ育った讃岐から彼女を奪」い、死ぬまで引っ張り回して苦労をさせた。夫は今さらながら悔いるのである。「いっそ高松に置いて、土地の男と結婚させた方が、彼女は幸福だったのではないか。私は幸福のブチ壊し役だったのではないだろうか」。

◇

国立がんセンターの病院長から総長を務めた垣添忠生は、十二歳年上の人と結婚した。平均寿命から見ても自分が後になることは覚悟していたろう。しかも職務上、数えきれぬ患者に対し「死の告知」をしてきた癌専門医である。それが自分のこととなると、「一体なぜだ」「人生、不条理だ」と嘆くばかりで、「自死できないから生きている」精神状態に陥ったというから医者も人の子だ。

医者になった垣添は二十六歳のとき患者だった昭子と出会う。「この人しかあり得ない」と確信したのは、何より「波長が合う」からだった。ただし彼女は三十八歳、目下夫と別居中ということが周囲との摩擦を引き起こす。当然のごとく猛反対に遭った。母親は「自殺します」とまで言い出す。

伜は傘一本持って家出した。

前夫との離婚が成立した昭子と式も挙げず、指輪の交換もなしに結婚し、妻の実家に転がり込んだ。

「一緒に暮らし始めてからも、私たちの間にはいさかいもなく、年の差も気にならなかった」

少女のころからダンスを習い、津田塾で英語を学び、結婚後は東大に学士入学してドイツ文学を専攻。カフカを好んだ。写真に凝り、絵を描いた。才女であった。

「いま何がしたいかを的確に見極め、一度これと決めたら最後までやりぬく。そういう妻だった」

大柄で、すらりとした妻には洋服が似合ったが、もともと病弱で、膠原病を抱え、長年ステロイド剤を服用していた。七十歳を過ぎ、肺に腺癌が生じた。切除。次に甲状腺癌になり手術。それから頸部に腫れが生じたのを切除した。ついにまた肺に影が生じた。この癌は陽子線治療で消えたが、十カ月後に転移が見つかる。化学療法と放射線治療に、妻は敢然と立ち向かったが、やがて脳、肝、肺、副腎への転移が確認されて万事休すとなる。

回りくどいのが嫌いで、何事も論理的な説明を求める妻が、最後ばかりは一切聞こうとしない。それが夫には有難かった。打つ手がないと、どう伝えよう。

「家に帰りたい」と言う。帰宅四日目の大晦日、妻は突然目を開き、夫の手を強く握って息絶えた。七十八歳。誰も呼ばず、遺言に従って葬儀もしなかった。

酒浸りの日々が来た。妻のものを見ては涙が噴き出る。妻と歩いた道に来るとまた涙だ。苦悩の時をひたすら耐えるほかない。やがて立ち直った垣添はここに妻恋記を著した。

眼目は一つ、残されたのが自分でよかった、ということに尽きる。「あの苦しみを、妻には決して味わってほしくないからだ」というのである。

無論これは妻の愛を信じる夫にしか言えないことだ。

●『妻の肖像』（徳岡孝夫著、文春文庫、二〇〇九年）▽『妻を看取る日――国立がんセンター名誉総長の喪失と再生の記録』（垣添忠生著、新潮社、二〇〇九年）

読書録で人生を語る

「四十歳定年制」の提唱者もいるが、昔は五十五歳だった。今は六十歳。近く六十五歳になるだろう。退職とともに否応なく、勤め人は人生第二幕に入る。

行く場所はなくなり、会う人はいなくなる。家にいるしかなく、することがない。だらだらと職場の延長にしがみついているのもみっともない。趣味に生きるか、奉仕の精神で活動するか、海外に出るか、陸沈するか。いずれ人は生きてきたようにしか生きられないのだから、自分の甲羅に合わせて老いていくほかはない。

「のらくらと暮らせるうちは、のらくらと暮らしたいと思うだけだ」と言ったのは朝日新聞きっての名記者だった門田勲だ。出たとこ勝負でやってきた新聞記者風情に老後の計画など立てられるはずがない。わたしも同断で、行き当たりばったりにやっている。

ところがここに曽我文宣という用意周到な人がいて、驚いたことに、定年に十年も余した日から老後の明け暮れのことを考えた。そして若き日からの読書遍歴を土台に人生観を書き残すことにし、実行したというのである。

一九四二年生まれ。東京大学工学部原子力工学科から理論物理学の大学院を経て東大原子核研究所。「専門は原子核物理学の実験的研究および加速器物理工学研究」と聞かされてもちんぷんかんぷんだが、アメリカとフランスに留学した後、放射線医学総合研究所で「重粒子がん治療装置の建設、運用に携わる」との履歴を見ると、いわゆる原子力ムラの人ではない。

四十九歳で多湖輝著『六十歳からの生き方』を読んだとある。

「自分の能力はもう見えていたし、世の中はだいたい平和だし、この上は仕事がなくなった後、どうするかを考えようと思った」

退職後、曽我は著書四冊を自費出版した。読書録、科学概観、随想集といった形態をとっているが、いずれも生きることへの思いのたけを述べたもので、進路選択の経緯、結婚を巡る父との葛藤と義絶、職場の人間関係での苦闘といった体験談が随所に語られる。

本が友である。「自分の精神史」という『志気——人生・社会に向かう思索の読書を辿る』は六百頁を超える大冊で、多岐な分野からラッセル、丸山眞男、湯川秀樹、ガルブレイス、高橋和巳、糸川英夫、江藤淳、ライシャワー、城山三郎、桑原武夫、遠藤周作、トフラー、勝部真長、飯田経夫、牧野昇、山崎正和、藤井康男、堺屋太一、永井路子、綱淵謙錠、村上陽一郎、坂本多加雄、日下公人といった人たちの編著書が並ぶ。

手持ち時間の少ない今なお、もう一度付き合うに足る友に再会して書き下ろした風で、詳細な「読書案内」になっている。

むかし朝日新聞に書評欄が出来たとき、論説主幹笠信太郎は「選択がそのまま批評である」と喝破し、「一足さきに本を読んだ人が、まだ読んでない人にむかって、内容を平ったく手短に話してきかせる、といった調子が一ばんいい」と言ったが、曽我もこの伝である。若い人たちへ「これは読むべきだよ」と話してきかせる趣がいい。

その読書法は明確である。終始一貫して自分の判断に従い、大勢に迎合することはない。

例えば司馬遼太郎には冷淡だ。

「明治はよくて昭和はだめだ」みたいな単純な御託を「司馬史観」なぞと持ち上げる手合いが後を絶たないが、曽我はそうでない。そもそも話を面白くするために司馬が人物創造をし、勝手に配置転換する様に辟易するのを隠さない。

あの『竜馬がゆく』を買わない。認めるのは綱淵謙錠の『人物列伝幕末維新史』の龍馬の章である。「竜馬と龍馬、一事が万事で、小説と歴史書の違いと言ってしまえばそれまでだ」と言い捨て、司馬を顧みない。綱淵を「事実を最大限、詳細に述べ、正確無比を事として著述に臨んでいる態度が鮮明にわかる。密度高く、実に読み応えがある」と激賞し、余計な修飾を排し、あくまで事実に忠実であろうとする「硬質な文章」に引かれるあたり、いかにも物理学研究者らしい感覚と見た。

国民説教家に変じた司馬の晩年にはことに厳しい。『この国のかたち』を「強烈な憂国の思いから、文字どおり精魂こめて十年間書きついだ」などと絶賛する手合いもいるが、この本における司馬の「荒っぽさ」を曽我は見逃さない。『風塵抄』に至っては「話題、文章共に平板で、そのつまらなさは、同じ人が書いたとはとても思えなかった」と真っ向唐竹割りだ。

はやす連中が引きも切らぬ漱石神輿も担がない。その見識には一目を置いている加藤周一が、『明暗』は「明治以後今日までの日本語の小説でおそらくこれに匹敵するものはないだろう」と讃えても、曽我は「私は全くそうは思わない」と断じて雷同しない。どだい漱石一連の「じめじめした心理小説が、好きでない」のだ。

「一流の批評家でありかつ思索家」の小林秀雄にも容赦ない。

「彼の批評は、人が思いつかない独特の直感、意表をつく表現が生命であるが、もってまわった奇矯な文章で人を驚かすという芝居がかった面が鼻についた。鋭い人だとは思うが、読んでいて、こんなことを言ったところで何になる、という気持ちがしばしば起こった」とにべもない。

行間ににじむ正直さが清々しい。思うにそれは、ひとえに曽我が人生に率直に対処してきたことの証左であろう。

敬愛するのはキューリー夫人である。夫人のこんな言葉に感銘を受けた、と書いている。

「人はどの時代にも興味のある有用な生を営むことができる。要は、この生をむだにしないで、『わたしは自分のできることをやった』とみずから言うことができるようにすることです。これがわたしどもに人が要求しうるすべてです。そしてまた、それは、わたしどもにわずかばかりの幸福をもたらすことのできる唯一の事柄です」

「自分の読み方」を存分に披歴して人生を語った曽我には、いま「わずかばかりの幸福」に浸る資格がある。

●『自然科学の鑑賞』（二〇〇五年）▽『志気』（〇八年）▽『折々の断章』（一〇年）▽『思いつくままに』（一一年）＝いずれも曽我文宣著、丸善プラネット

原節子を呪縛した男

大根と謗る声もあった原節子を「名優」と言うのは、『彼女が演じた役』を書いた片岡義男である。

「クリエイティブな力を深く豊かに持った女優である」「視線をふと少し伏せただけで、たいへんに複雑微妙な感情の重みを、ごく当然のことのように表現する」「美しさ、明るさ、華やかさ、色気、上品さ、才気、直感の正しさ、程の良さなど、あらゆる肯定的な価値を、単なる美や女らしさなどではなく、強い意志、つまりくっきりと確立された自我として、日本の人たちは原節子の中に見ていたと、僕は思う」

片岡がとりわけ買うのは声だ。

「きわめて良質の明るさや軽さと同時に、次元の高い重さや深さを持っている声だ。どんな言葉も、どのような台詞まわしも、彼女は軽々とやってのける」「おそろしいまでに濃密にエロティックになることの出来る声だ」

その声を直に聞くという「良き思い出」を片岡は持つ。中学生のころ、電車で原節子に席を譲ろうとした。原はにっこりと笑って別の老婦人に譲った。並んで吊り革を握って立つ片岡少年に「坊やはお利口なのね」と言ったとある。

わたしにも原節子の思い出がある。新聞社に毎年編成される正月班は新年企画を考えるのだが、主題探しに苦しんで、苦し紛れに誰かが一度は「原節子にインタビュー出来ればなあ」と呟くのだった。

声を聞くことなどとんでもない、でけりになったが、今も原節子への関心は強いとみえる。書店に関連書が溢れているではないか。

写真集、『殉愛――原節子と小津安二郎』、さらにまた新潮ムック『原節子のすべて』等々。

一九六二年に銀幕を去って五十年。原はことし九十二歳である。

六三年十二月、小津の通夜で泣き崩れる姿を最後に、公の席に出て来なくなった。小津ゆかりの蓼科に記念碑が作られるとき、発起人代表井上和男は、原からの寄付が本名の「会田昌江」で来たのを知り、台座の寄金者名簿をアイウエオ順に並べることにした。

住まいは鎌倉と知っても、招かれざる訪問者はことごとく面会拒絶。テレビや写真週刊誌が盗撮したが、インタビューの申し込みに返事の来ることはなかった。

「伝説」が生まれるけれど、すべて噂の域を出ない。謎めいて伝えられ、謎は謎を呼ぶ。なぜ女優をやめたのか。なぜ結婚しないのか。なぜ沈黙し続けるのか。

「決定版評伝」と銘打たれた西村雄一郎の『殉愛』と『原節子のすべて』所収の石井妙子による評伝により、原の存在に義兄で監督の熊谷久虎という男が色濃く影を落としているのを知った。彼女の一生を呪縛した、と言ってもいい。

西村によると、日独合作映画『新しき土』の公開で三七年に渡欧した原節子と、それに同行した熊谷は二人きりでバーデン・バーデンに一週間余り滞在した。「この場所で、久虎と原節子の関係が一線を越えたという説もある」。

石井は、戦争末期に原節子が九州に疎開していたとの噂を追って行き、「一生結婚できなかった、あるいは、しなかった。その一番の理由が、熊谷にあったことは疑いようがない」と結論している。

横浜高等女学校に通う昌江に女優になるよう勧めたのは熊谷である。「五センチ眼」の大きな目をして、「日本人離れ」と形容される義妹の美貌を買ったに違いない。

裕福だった実家が大恐慌のあおりで没落。本好きで頭が良く、「学校の先生になりたい」という志望の少女は、家計を考えたうえであろう、勧めに従う。十四歳。

翌年、山中貞雄に抜擢されて『河内山宗俊』に出演、さらに日独合作映画に主演と、スターの階段を駆け上ってゆく。

熊谷監督のほうは「その評価は総じて低く、映画史の中では、もっぱら『原節子の義兄』として名を留めている」とされ、国粋主義活動にも関わった言動については「言うことが全部大きくて、大ぼら吹きというか」と酷評される。

ところが、原節子が抱く熊谷への敬愛の念は揺らぐことがない。

「私はとってもそれは感謝しているのです。若いとき、家の経済事情で学校教育がちゃんとできなかったものですから、それを補うためにも、もっと根本的な本質的なものを教えてもらった」「兄を褒めては、気がひけるんですが、私は熊谷の演出を高く買っています。……今後も兄の演出でやってもらいたいと思うものがあります」

十四歳以来ほとんどの時期、義兄夫婦と同居するという「不思議な生活」を続けたのだから、当然ながら関係を怪しむ声はあった。

東宝の藤本真澄が「原節子に、実は惚れてたンだよ」と告白したことがある。「出来たら結婚したいなんて若気の至りで思ったンだが、その時、ホラ、熊谷久虎、知ってるだろう、姉さんの旦那さ。あの右翼野郎と出来てるってきいてね、それで、あきらめたのさ」

終戦近く、原の年譜に空白がある。実は「九州独立運動」に絡んだ熊谷に従い、大分へ「疎開」していたことを石井は突き止める。

戦後、『晩春』をはじめとする小津作品で原は名声を確立するが、「結婚」の噂が立った小津のことを、熊谷は何かにつけてクソミソにけなしていたそうである。

もっと面白い暗合がある。

「小津が原節子を起用する。すると、熊谷が、原節子主演の映画を撮っている」のであった。『東京物語』の年は『白魚』を、『東京暮色』を撮れば『智恵子抄』を、小津が原を使わない年は使わない。『秋日和』を撮ると、『細川ガラシャ伝』を撮ろうとして頓挫。そして小津の没後、熊谷は二度とメガホンを取ることはない。

原の引退を小津の死と結び付けるのが通説である。だが石井は「むしろ熊谷との関係から見るべきではないだろうか」と言うのだ。

小津が逝って二十三年後に熊谷は死んだ。墓には小津と同じく「無」とあるという。それから二十六年経った今なお、原節子は呪縛されたかのように姿を見せない。

●『彼女が演じた役』（片岡義男著、早川書房、一九九四年）▽『殉愛』（西村雄一郎著、新潮社、二〇一二年）▽『原節子のすべて』（新潮45編、新潮社、二〇一二年）

2013年

専門家たちの裏切り

浜の真砂は尽きるとも、世に専門家の種は尽きない。何か起きると専門家が出て来る。尖閣で軋轢が生じれば日中専門家が、北朝鮮がロケットを打ち上げればミサイル防衛専門家が、高速道のトンネルの天井が落ちれば、天井の専門家が、といった具合だ。

テレビで専門家を見るたびに、大農家の刀自として七十六歳まで生きた家内の母を思い出す。故郷の庄内からほとんど出ることのない生涯だったが、時代と世界への関心が旺盛で、新聞をつぶさに読み、テレビニュースへの注意を怠らなかった。ある日、柔らかな口調の庄内弁でつぶやいたものだ。

「ほんとに、何があっても、日本には専門家がいるんだのう」

専門家なるものを揶揄したのかと思ったら、そうではなかった。母は真剣に専門家の一言一句に耳を傾け、出来事の原因と成り行きを理解しようとしているのだった。

専門家という存在に敬意の念を払うことにやぶさかでなかった人を、もう一人知っている。中江丑吉のことだ。中江についてはこの欄で触れたことがある。兆民の倅で、大正から昭和戦前にかけて遠く北京に独居し、目前に進行する現代史を正確に捉えるべく努める一方、中国古代思想の勉強に一生を費やすという独特の人生を送った人である。

三十三歳七草の日に、放蕩無頼の青年時代に訣別して、中国古代を主題とする研究生活に入ったが、その際、論文一稿を京大中国学の小島祐馬に送って、論考が発表に値するか否かを問うた。小島の肯定を得て、中江は学の道へ分け入る。ひとえに専門家たる小島の判断を信頼したからであった。

専門家の専門性に徹底して信を置く。このことは中江の人生を貫く基準なのだった。結核で福岡の九大病院に入院して不帰の客となるが、死に至るまで主治医の命令に従うことあたかも兵士のごとくであった。旧知の外科医が病室に来て主治医とは異なる所見を口にした。外科医が去ったあと、中江は傍に付添う姪に囁いたという。「あの医者は、危ねえぞ」

専門が異なるから信用ならないというわけである。

わたしにも専門家信奉がある。万事に通じることなど出来ぬ相談だ。物理は分からない。経済事情は経済の専門家に任せたい。原発のことにも不明である。だが――

「この狭い日本列島のど真ん中に少なくとも半径二十キロの範囲内で人の住めないエリアが次々と生まれるのだ。しかもそれらの土地は森林や原野ではなく、地震直前までは大勢の人々が普通に暮らす、まさに人間の土地だった」

白石一文が毎日新聞に連載中の「神秘」にこう書いている事態から目をそらすことが出来ない。こんなことになった原因の原発事故を不問に付すことは出来ない。

原発では各種の「事故調査報告書」をはじめ、印刷物がごまんと出ている。眉唾ものもあるから片端から取捨するほかないが、ここに発生から五日間の政権中枢で誰がどう動いたかに焦点を絞った『官邸の一〇〇時間』がある。

もとは朝日新聞の連載「プロメテウスの罠」の一項目を担当した木村英昭記者が、取材し直し、書き直した労作である。

千年に一度の大地震と未曾有の原発事故。先の敗戦以来の国家的大混乱に遭遇した「指導層」の右往左往ぶりが如実に描かれる。

原発のことはその方面の専門家がいて任せていればいいと思っていた。その方面には「原子力ムラ」があり、鉄壁の団結で「ムラ」外からの批判や口出しを排していたということも知らなかった。この本で「専門家任せ」のとんだ大間違いだったことに気づかされた。

原発の専門家ならば、行政組織上は原子力安全委員会や経済産業省原子力安全・保安院、民間では運用者である電力会社に大勢そろっているだろう。そう考えて当然だが、これがまた大間違いだった。

例一　必要とされた電源車が福島原発に着いたが、ケーブルがない。「どうすればいい?」と首相の菅が保安院、安全委員会、東電の専門家に聞く。誰一人目を合わせない。黙っているだけだった。

例二　菅が「それどうなってんですか」と聞いた。誰も動かない。「分かる人に聞いて」と促しても、「はい」と言ったきり黙り込む。

例三　それが出来れば愁眉を開くというベント（蒸気を出す作業）が出来ない。「何で出来ないんだ」と問われ、東電副社長武藤栄は「ごにょごにょ」としか言わない。

例四　内閣危機管理監伊藤哲朗が何かと保安院長寺坂信昭に「どういう状況ですか」と尋ねるが、そのたびに「分かりません」。

例五　首相に聞かれて何度も「水素爆発はありません」と断言した安全委員長班目《まだらめ》春樹。1号機爆発の映像をテレビで見て、「あちゃあ」という顔つきとなる。

例六　安全委員会、保安院、東電の「関係三者」を呼び、菅が他の原子炉が爆発しないための

「打つべき手」を問う。三者からの「次の手」の提案は一切なかった。

例七　文部科学省所管のＳＰＥＥＤＩは放射性物質の流れの予測を出していた。だがその存在を官邸に知らせず、従って使われなかった。

驚くべきことに、専門家は不在だったのである。

電力資本、政治と行政、さらに自ら身を置くジャーナリズムへのやるせない怒りにかられて、木村は「足で稼いだ事故調査検証報告書」を著した。その憤怒の矛先は、とりわけ専門家へと向かう。

根底に——と、著者は言う。「官僚組織の機能不全が横たわっていたことを見逃す訳にいかない。そして専門家の責任だ。方針を決定すべき政治家に、適切で十分な情報を与えず、右往左往して口を噤んだのは、事故対応の中心的な役割を担うはずだった原子力に関係する官僚と専門家たちだった」。

これは専門家の裏切りである。

母が知ったら、さぞ驚くだろう。

「専門家にも、ろぐでねェのがいるんだのう」と、呆れ顔で言うかもしれない。何しろ専門家を信じていたからだ。

しかし専門家を信頼するということは罪であるか。

●『官邸の一〇〇時間——検証　福島原発事故』（木村英昭著、岩波書店、二〇一二年）

サカイはなぜ裏切ったか

歴史に「もし」は禁物というけれど冗談ではない。「歴史は多くの場合に於いて悔恨の書であった」と柳田國男は言った。「歴史は人類の巨大な恨みに似ている」とは小林秀雄の言だ。過去を顧みて「もし」を発しないほうがおかしい。

先の戦のけりのつけ方には多くの「もし」がある。ミッドウェーの惨敗（一九四二年）、ガダルカナル撤退（四三年）ときて、すでに負けは見えていたろう。四四年のインパール作戦に敗走し、マリアナ沖海戦に大敗した。そのあたりでもし停戦交渉に入っていれば、本土空襲はなかったかも知れない。

遅くとも四五年三月の硫黄島失陥でもし敗戦を認めていたら、四月からの米軍の沖縄上陸は中止されたであろう。せめて見殺しにした沖縄の犠牲のうえに、もし白旗を掲げておれば、ヒロシマ、ナガサキは避けられたに違いない。

後知恵によって批判しても空しいが、戦争を早く終わらせたいと思う人はいた。「裏切り」と言われ、国賊よばわりされることも覚悟のうえで行動に及んだ人がいた。

二〇〇六年十月十五日付の静岡新聞に一枚の写真が載った。

あの激戦の硫黄島で捕虜になった日本兵から一人の米兵が写真を託された。それを返したいと米兵の遺族が消息を尋ねているというのだ。

静岡放送のディレクター岸本達也が「おや?」と思う。写真のことを遺族に頼まれたと記事にある静岡市在住、七十代の人に会いに行き、詳細を聞いた。

元日本兵は「サカイタイゾー」という。太平洋のあちこちで上陸して来る米軍に対し「バンザイ突撃」して粉砕された日本軍と違って、硫黄島の守備隊は地下に壕を掘り、地下道を巡らして抗戦した。「五日間で終わる」と軽く見ていた米軍の猛攻撃に三十六日間屈しない。全滅間近、サカイは捕虜になった。ロパルト中尉に尋問されるが英語を話せない。ロパルトは日本語がだめ。ところが二人はフランス語ができた。数時間の尋問後、別れ際にサカイは「これは押収されるだろうから」と家族と一緒の写真をロパルトに手渡した。ロパルトは息子に「サカイへの返却」を遺言して逝った。

「戦場に咲いた一輪の花ということか」。美談ではあるだろうが岸本は釈然としない。裏に「何か」あるのではないかと直観した。直観は正しい。ただしそれが証明されるまで手探りで進む時が一年、二年と流れていった。

サカイを探して、岸本は住所とされた東京・新宿の地取りを試み、硫黄島生還の旧日本兵を訪ね、防衛研究所に通った。だが「歳月は街を変え、人を変え、記憶を変えていた」。サカイは見つからない。

もうよそうかと思う岸本を、父の世代に属する先輩のプロデューサー土方康太郎の口癖が支える。土方はよくこう言った。

「時間が番組を作る」

そしてまた、こうも言うのだ。

「時はいつか必ずやってくる」

厚生労働省の担当官に依頼した「遺留品調査」によってサカイの本名が分かった。第一〇九師団司令部所属、陸軍伍長。中国戦線に赴き四三年除隊。四四年六月に再召集、硫黄島で栗林忠道中将麾下の通信兵であった。

敵にあっぱれと言わしめた日本軍の抵抗も弾丸尽き、水涸れては詮無い。三月十六日、栗林はついにここまでと大本営に訣別電報を打つ（国の為重きつとめを果し得で　矢弾尽き果て散るぞ悲しき）。

司令部は壕を転々とし、二十六日に最後の総攻撃を敢行するのだが、サカイが捕虜となったのは十九日であった。生存率五％だった硫黄島で捕虜はいずれも負傷して動けないところを捕らわれたというのに、サカイは無傷だった。

岸本は〇八年、米国へ出張する。硫黄島で戦い、直にサカイを知る米軍人を訪ね、ワシントンの国立公文書館ではサカイ関係文書を閲覧した。だんだんサカイの姿が立ち現れてくる道程は、まるで推理小説のようである。

サカイは「協力的な捕虜」であった。倅には「寝て起きたら、目の前に米兵がいた」と語っていたが、自ら投降したのだった。

サカイは実に多くのことを知っていた。日本側の軍備、兵器、組織、作戦。米軍が次は沖縄に上陸して来ることまで知っていた。さながら「百科事典」だった。司令官の通信兵として知り得たことは普通の兵の比でない。その全てを「率直かつ明快に」しゃべった。司令官の壕の場所まで明かした。サカイは敬愛していた栗林を売り、国を裏切ったのである。

エンツェンスベルガーは『政治と犯罪』で「ある種の歴史的条件のもとでは誰もが裏切り者にならざるをえない」と述べている。サカイの「条件」とは何だったか。

投降の理由を訊かれ「いますぐ流血をやめるべきだ、日本は最善を尽くしたが、ここで戦いをやめるのが賢明だ」と答えた。「負けるのだから、戦闘をやめるべきだ」「バンザイ突撃など狂信的だ」とも断じたという。自由な校風のアテネ・フランセに学んだことが思想に影響したのかも知れない。

岸本の会った米海兵隊の元少将の著書には「戦い続ける無益さに気づいたのだと思う」とある。「彼は、無意味な、間違った戦いで死ぬのではなく、日本の未来のために生き残りたかったのだ」。サカイの決断と行動が「正しかったのかどうか、私にはわからない」と、戦後生まれの岸本は正直に言う。全てを遺族に告げるかどうか悩み、また作品にまとめるかどうか迷った。煩悶の末、知り得た「父の戦争」の事実を伝え、「日本兵サカイタイゾーの真実」（静岡放送制作）を完成させた。

サカイは四五年暮れに復員。マッカーサーに「天皇制廃絶」を進言する行動をした以外は、おおむね静かに戦後四十二年を過ごした。どこか「自己の内面を閉ざしているような」父親だったという。

硫黄島で手放した写真の裏に、サカイはボードレールの『悪の華』の詩句を書きつけていた。〈おお、わが「苦悩」よ、ききわけて、静かなれ……〉

戦後の日々、サカイは、抱える「苦悩」を誰にも語らなかった。

●『写真の裏の真実――硫黄島の暗号兵サカイタイゾーの選択』（岸本達也著、幻戯書房、二〇一一年）

原田正純という医師

ゴッホとアルル、ゴーギャンとタヒチ、坊っちゃんと松山、志賀直哉と城崎、田中正造と足尾というように、人の名と土地の名が切っても切れない人生がある。

その伝で水俣と言えば、石牟礼道子に原田正純であろう。

二〇一二年六月十一日、「水俣病研究の第一人者」の原田は七十七歳で命終した。新聞は「半世紀を超えて研究や被害者の診療にあたり、『胎盤は毒物を通さない』という当時の常識を覆し、母親の胎内で有機水銀に侵されて起こる胎児性水俣病を突き止めた」と称え、全国に広がった水俣病裁判で「一貫して被害者の立場に寄り添って証言を続けた」と書いた。

有機水銀による空前の環境汚染に由来する中毒被害の惨状に接した医者は、「見てしまった責任」と言いながら現実と渡り合った。

縁のあった人たちによって編まれた追悼集が暮れに出た。

石牟礼道子が「人はいかに生きるかというお手本を、いつもニコニコして、なにげないお言葉でおっしゃっていて、ご自分の存在をもって教えていただいた」と誄《るい》を述べ、原田に詩を捧げている。

「現世は／いよいよ地獄とやいわん／虚無とやいわん／ただ滅亡の世せまるを待つのみか／ここにおいて／われらなお地上にひらく／一輪の花の力を念じて合掌す」

『週刊金曜日』二月八日号の原田特集で、「よくぞ『原田正純』という医師が誕生したものだ」と感に堪えているのは、地元熊本日日新聞の記者として長年水俣病を取材して来た高峰武（社会部長、編集局長を経て論説委員長）である。

ジャーナリストになりたくて東大か早稲田を受けたいと思っていた高校生が、「俺は大学に残ってもっと医学の勉強をしたかった。それを戦争がぶち壊した。夢をお前に継いでもらいたい」と言う父に屈し、志望を変えた。熊本大学医学部に進み、専門に神経精神科を選ぶ。ために水俣病とのっぴきならない関わりを持つようになる。

原田には多くの著書、論考、あるいは新聞のインタビューに答えた記事がある。一九七二年に岩波新書青版で出した『水俣病』をはじめ、その続編である八五年の黄版『水俣病は終っていない』、さらに八九年に大佛次郎賞を受けた『水俣が映す世界』（日本評論社）から〇九年の『宝子たち――胎児性水俣病に学んだ50年』（弦書房）に至るまで、水俣病の根底に横たわる問題とは一体何であるのかを精確な文章で提示し続けた。

五六年五月一日、新日本窒素肥料水俣工場附属病院長細川一から水俣保健所に「原因不明の脳症状を呈する患者四人が入院した」との報告があった。これをもって水俣病の「公式確認」とされる。

歩行障害、言語障害、狂躁状態、顔貌痴呆状、全身強直性痙攣、視野狭窄、知覚障害、共同運動障害、意識消失といった「異常」を見せる老若男女が次々と発見されていく。だがこのころまだ原田の意識に水俣は上らない。「水俣病」を知るのは、東京でインターンをしていた五九年四月、当直中にＮＨＫの「日本の素顔」を見たときである。「原因が分かるといいですね」と番組は結ばれていた。

大学院に入った原田は、教授のお供で水俣へ出向くことになった。六一年八月のことである。「自然の美しさと病気の悲惨さとのコントラスト」に目を射られ、「綿の塊」にくるまる患者の貧しさに驚き、門前払いされ衝撃を受ける。「診てもらっても治らない」。治らない病気を前に医者に何ができるか、何をすべきか。それが私の原点になった――と原田は言う。半世紀にわたる「戦い」が始まる。二十六歳であった。

国策に従い、経済優先に乗じて繁栄したチッソは戦前から水俣湾に有機水銀を垂れ流した。魚介の食物連鎖で濃縮され、口から人の体内に入り、蓄積され、脳を破壊していった。そう解明されたが壊れた人間は元へ戻らない。チッソも行政も責任を取ろうとしない。

原田は三つの原則を守った。

「患者に学ぶ」を信条に、徹底した現場主義を取ったのが一つ。市が患者を集める慣習を改め、家を訪ね回った。そうして初めて現実が見える。健診に来られない人たちがいた。一軒一軒訪問したから胎児性水俣病の子のことが知れた。「うして（棄てられていた）患者」の存在を発見できたのである。

二つ目に、徹底して被害者の側に立った。チッソが加害者で患者は被害者なのである。「加害者がすごい力を持ち、被害者が弱いとき、医学は、弱者の立場に立ってちょうど中立になる」と原田は言った。

三つ目は、専門家と素人との壁を越えるべく努めたことである。「専門家の責任」とよく口にした。無知や誤解のままチッソや行政に都合よく使われた御用学者が幾人もいた。それは今の原発事故にも見られることだ。「自分の言葉にどのような責任を取るのか」と原田は言ったが、それは己に突き付けた刃でもあったろう。

生前に受けたＮＨＫの「１００年インタビュー」のＤＶＤが追悼集に付いていて、温顔で穏やかな語り口をしのぶことができる。しかし時として胸底に秘めた憤怒がほとばしる場面があった。ふと原田がかつて若い新聞記者を「怒りに任せて筆を持ってはいけない。怒りを伝え、遺すためには、冷徹な筆でなければならない」と諭したという話を思い出す。

原田は熊本大学で助教授止まりだった。きっと「反体制」とみなされ忌避されたのであろう。むろん当人は肩書なぞに頓着せず、飄々と生きた。「水俣は鏡である」と言い、教授に迎えられた熊本学園大学で「水俣学」を提唱し、「私たちの生きざま、研究のあり方、社会のありよう、いろんな分野を水俣病事件に当てはめ、映し出してみるのが目的だ」と語った。それは私淑した田中正造が試みた「谷中学」に通じて「民衆のなかの学問」を志すものであった。

「私は水俣病と出合うことで人生が輝いて見えた幸せものである。若い人にもぜひそれぞれの内なる水俣病を見つけてもらいたい」という言葉を後進へ残した。

●『原田正純追悼集　この道を――水俣から』（熊本日日新聞社、熊本学園大学水俣学研究センター編、熊本日日新聞社、二〇一二年）

言わねばならぬこと

言論で何が大事かと言えば、言わずと決まっている。言わなければならないことを言うということである。言うべきことを言うということである。当今、言わずもがなの言論が多すぎる。

戦前戦中の山本周五郎には、封建社会のなかでも言うべきことを口にする人物が多く出て来る。やむを得ぬ義理で某藩重臣の暗殺を頼まれた浪人が、標的を訪ねて行く。聞かされた「殺すべき理由」を質すと話が違う。派閥争いが絡んでいたのだ。依頼人は虚言を弄していた（「五十三右衛門」）。

江戸上屋敷の改築や主君を老中役付きにする工作資金捻出のため増税を図ろうとしている家老の前で、一勘定奉行が面を冒してその非を鳴らす（「湖畔の人々」）。

けだし言論封殺の時代にあって山本周五郎は、自由な言論の大事を伝えようとしたのであろう。『新潮45』三月号巻頭に「皇太子殿下、ご退位なさいませ」とあったのに打たれた。論者は宗教学者の山折哲雄である。何に打たれたかと言うと、そのタイトルである。簡にして要を得た一文がすべてを語り尽くして余剰がない。

山本夏彦は文章の骨法を、八枚を四枚、四枚を二枚、二枚を一枚と削ぎ落としていって、究極のところ、言うべきことを一行で言えと述べたが、その典型である。

象徴天皇制の問題とか宗教的権威と政治的権力の二元的システムとか、「天皇霊」という霊威とか、今上天皇と皇后が「一見矛盾し対立するようにみえる象徴家族と近代家族のあいだに調和の関係を築き、みごとな均衡点を見出されてきた」こととか、山折の挙げる論点はともかく、畢竟いまの皇太子は皇太子であることを辞めたほうがいいとの進言で、異議はない。

誰しも腹の中では思っていたことだ。裸の王様に向かって「王様は裸だ」と叫んだわけである。新聞に皇太子の誕生日会に皇太子妃は欠席したとあった。こんなことは頻々らしい。医師団による「適応障害」の治療は十年を数える。心の病は厄介である。

天皇と皇后は二人で公務に当たる姿が多いが、皇太子は単独行が珍しくなく、一方で弟の秋篠宮夫妻の活動が伝えられる。「君を守ります」と約束して妻を迎えた経緯もある。皇太子はもう、公務よりも細君の治療専一を選ぶべきではないか。

それを山折は一言で言い切ったのである。身も蓋もないと言えばそれまでだ。「辞めたくとも辞められないのです」と、退位規定のない天皇に似て不自由なのだと皇太子を庇うのがいるが、先々代が「人間宣言」して久しい。必要に応じて人間的な前例を作ればいい。

そも身も蓋もないことを言うしかないことがある。「私は言いたいことを言ったのではない。言わねばならないことを言ったのだ」とは、軍国主義の時代、個人誌『他山の石』に拠って反軍の論陣を張った桐生悠々の言だが、山折も言わねばならないことを言ったに過ぎない。あえて言うときは、情緒に引きずられることなく、非人情でなければならない。

ワシントン・ポストのボブ・ウッドワードに、ブッシュ倅からオバマに政権交代したときの政治過程を克明な取材で再現した『オバマの戦争』という著書がある。登場する政治家や軍人が実に非人情に、表でも裏でも言わねばならないことを言い合う様に感心した。

ブッシュが始めたアフガニスタン戦争をそのまま続けるつもりはオバマにはない。そこで根本的見直しを命じる。「負けてはいないが、勝ってもいない」状況を打破すべく現実を直視し、どこをどう改めていって「出口」を模索するか、それが緊急課題である。

張り合う側近連。増派を図る軍、功名争いに躍起の諜報機関、アルカイダに甘いパキスタン。いつの世も、大量増派を求めるのが軍の習いだが、その現地軍司令官を名指しで「あれはだめ」と言う退役陸軍大将がいる。「因循姑息だ。クビにすべきだ」と真顔で難じて憚るところがない。

国家安全保障問題担当補佐官は、首席補佐官、上級顧問、報道官といったオバマの取り巻きをゴキブリ呼ばわりし、「がさごそ走りまわっている」と批判してやまぬ。

増派要求の根拠として国防総省が出した数字について、「この数字は信用できない」と撤回するのが、ほかならぬ国防長官である。

統治能力の欠如と一族の腐敗でとかく問題の多いアフガニスタンの大統領に対し、現地へ行った米副大統領は面と向かって言い放つ。「国民すべてを考慮した統治がなされていない」。

そしていちばん歯に衣着せず、言わねばならないことを言うのがオバマ大統領なのである。早く終結させたいのだが、しかし当面は増派のほかないと観念したオバマは、下僚に選択肢の提案を求める。一見選択肢があるような案が出されてきたが、「キッシンジャー手法」というやつで、実は可能な選択肢は一つしかない。オバマはこれを一蹴して、出し直せ、と命じるのである。

ついでながらかつてケネディ大統領が出現したときの組閣風景から始まるデイヴィッド・ハルバースタムの『ベスト&ブライテスト』といい、この『オバマの戦争』といい、アメリカの政権交代劇の舞台裏に迫るジャーナリストの仕事はどうしてこう面白いのであろうか。一対一の会話だから二人しか知らないことでも細部を再現してみせる取材力には驚く。そこへいくと、日本の政権交代の舞台裏を活写したものはない。政治記者の力量の差というものであろうか。

政治記者の貧困は、貧困な政治の反映である。言わねばならぬことを言う政治家がいない。聞くべきことを聞く記者もいない。

二年来、原発避難民に対して言わねばならぬことがあったはずだ。それは帰還不能という見通しである。水俣病の医師原田正純は死の床で「早く、住めない、と言うべきだ」と言ったが、この言うべきことを為政者も言論人も言わないのは怠慢でしかなかった。アベノミクスだのＴＰＰだのに踊っている時機ではないのである。

●『オバマの戦争』（ボブ・ウッドワード著、伏見威蕃訳、日本経済新聞出版社、二〇一一年）

一以って之を貫く

何はともあれ家内安全が専一であるからして、家内に付き合って韓国ドラマ『トンイ』を見る。「賤民」の出のトンイが艱難辛苦を越えて王の側室にまで上がるという出世物語だが、子どものころ、非業の死を遂げる父親から『論語』を学んだり、女官の定期試験の問題が『中庸』から出されたりするシーンがあった。

わたしの貧しい書棚にも『論語』があって、ときに引き出す。いい文句が多い。ことに身に沁みるのは「一以って之を貫く」である。

「里仁第四」で、孔子から「吾が道は一以って之を貫く」と言われた曾子は、「はい」とだけ応じる。先生が立ち去ったあと、他の弟子がどういう意味ですかと尋ねた。曾子は答えた。「夫子の道は、忠恕のみ」。自己への忠実と他者への思いやり、これが先生の道である。

同じ文言は「衛霊公第十五」にもう一回出て来る。こんどは子貢に言った。「お前は私を、いろいろ学問をして、それをよく覚えている物知りだと考えるか」「そう考えます。違いますか」。孔子の返答は「非なり。予は一以って之を貫く」。ちがう、そうではない。私は一つのもので自分を統一しているのだ——と解釈する吉川幸次郎は、「論語の中でも、美しい文章の一つ」と称賛すること並々でない。

わが身にこの言葉が沁みるのは劣等感のせいである。思えば行き当たりばったり、出たとこ勝負の人生で、これと言って「貫いてきた」と誇るようなものはない。だから一以って貫いている人を見ると頭が下がるのである。

昨年十二月、渡部富哉が『白鳥事件　偽りの冤罪』を出した。渡部は、一九九三年に『偽りの烙印──伊藤律・スパイ説の崩壊』を著した人である。

著者紹介から引けば、一九三〇年生まれ、四六年に郵政省東京貯金局に就職、五〇年、日本共産党入党、同年十一月、レッドパージで職を追われ、五一年、労働組合書記を経て、党の非公然活動に入る。六全協後、玉掛工から旋盤工となる。六〇年、安保闘争。六一年、石川島播磨重工業田無工場で研磨工。「田無反戦」を組織してベトナム反戦や造船合理化と闘う、とある。

すごいのは八五年、五十五歳で定年退職してからだ。還暦を過ぎて伊藤律の汚名を雪《すす》ぐ一本を世に問い、さらに二十年後、こんどは共産党が必死になって過去の闇に隠そうとした白鳥事件の真相を詳細に暴いてみせる。そこに見るのは、ことし八十三歳になる渡部の「一以って貫く」姿である。

ふた昔前、『偽りの烙印』を読んだときは天地がひっくり返った。

伊藤律という名前は、朝日新聞に身を置いた者には特別の響きがある。新聞誤報史に突出する「伊藤律会見記」は、数ある朝日の汚点のなかでも最も有名だろう。「地下に潜った共産党幹部と山中で単独会見」という、一記者による「特ダネ」は、一転、虚報と化し、今では縮刷版からも削られている。

戦前のゾルゲ事件も朝日と因縁深い。四一年十月、「国際諜報団」が摘発され、リヒャルト・ゾルゲと尾崎秀実《ほつみ》をはじめ三十五人が芋づる式に逮捕された。ソ連のスパイだったゾルゲに尾崎は「日本、ソ連侵攻の意図なし」という機密情報を渡す。情報源は古巣の朝日の政治経済部記者だった。このために政治経済部長田中愼次郎は退社、主筆緒方竹虎の権威は失墜してやがて社を去ることになる。

ゾルゲ事件にはわたしもいささか関心を持ち、若年時より関連書を繙読《ほつき》していたが、事件発覚の端緒を伊藤律がつくったとする、異母弟で大衆文芸評論家の尾崎秀樹による『生きているユダ』を読み終えた際には、震えるような怒りを伊藤律に抱いたことであった。

しかしこれが砂上の楼閣だったのである。中国に二十七年間幽閉されていた伊藤律が八〇年九月、帰国した。渡部は伊藤に押された烙印の真否を定めるべく緻密な調査を実行する。錯綜する資料から細かい年表を作成して時系列の矛盾点をあぶり出し、行ける現場へは必ず行き、存命の関係者に話を直に聞いた。そして「尾崎秀樹の主張は、推測と憶測に拠るものでしかない」との断定に至る。

「戦前は権力機構内の一部で語られているだけにすぎなかった」伊藤律スパイ説が、戦後に占領軍や共産党の党内事情が絡んで「定説」となる。これを尾崎秀樹が鵜のみにして書いたのが『生きているユダ』だった。五木寛之などは「余りにもリアリティが強烈すぎる」と讃嘆し、発表後十七年経ても「変わらぬ重さで生きつづけている」と持ち上げたものであったが、小説家の見た「リアリティ」はまぼろしだったのである。

尾崎秀樹の嘘の皮をひんむいた渡部は、二十年後、こんどは松本清張のまやかしを暴く。

五二年一月、札幌市警警備課長の白鳥一雄が自転車で帰宅途中、背後から拳銃で射殺された。「武装闘争路線」を取る共産党による組織的犯行だったと今では知れているが、実行犯佐藤博が逃亡した一方で、指導者村上国治は逮捕され、「懲役二十年」の判決を受けて下獄した。六九年に仮出所後、村上は「冤罪」を訴え、それは「国民運動」に発展した。

審理したが最高裁は再審を認めない。佐藤は北京に客死し、村上は自宅の火事で焼死した。自殺と言われる。当事者はもはや語らないが、本当はどうであったのか。

多くの論者が白鳥事件の「冤罪」を支持した。渡部は厖大な司法資料を読み込み、「冤罪」を完璧に否定する。その筆鋒が鋭く向けられるのは、「日共無関与説」を唱え、冤罪説の「有力な援軍」だった松本清張に対してであった。

松本は『日本の黒い霧』などで白鳥事件を論じているが、渡部に言わせれば、ろくに実地調査もせず、裁判資料も見ず、勝手な推測をし、平気でねじ曲げ、「巨大な虚構」をつくっただけだった。さらに彼が共産党員（秘密党員）であったから党の言い分を宣伝しただけだったのだと容赦ない。

虚偽ということが、渡部には我慢ならない。その著作をたぎり返る憤怒が貫いている。

●『偽りの烙印――伊藤律・スパイ説の崩壊』（渡部富哉著、五月書房、一九九三年）▽『白鳥事件 偽りの冤罪』（同、同時代社、二〇一二年）

松本清張の虚妄

「読者は蚤」と言ったのは山本夏彦である。村上春樹の新作が一週間で百万部を超えたそうだ。この出版不況の世に有難いことである。小説家は身体中を蚤に食われながら、笑いが止まるまい。

もっともその有難さがいつまで続くかは保証の限りでない。山本によれば、「読者は作者の遺体が、つめたくなると同時に去る」から「作者は死ぬと同時に読者を失う。流行作家ならおびただしい読者を、あっというまに失う」とある。

たしかに、凡百の著作が本屋には並んでいるけれど、生きているうちが花で、死ねばだんだんしぼんでいき、やがて絶版にされて二度と返らない。例外がある。司馬遼太郎と松本清張は没後十年、二十年経っても健在である。御両人にとりつく蚤は「遺体のつめたさ」などものともしない習性を持つものと見える。

半藤一利に『清張さんと司馬さん』がある。清張は「純文学から出発して、歴史小説、社会派推理小説、『日本の黒い霧』『昭和史発掘』、さらに古代史、晩年には森鷗外研究と、絶えることなく執筆を続けました。全集六十六巻、原稿用紙四百字詰十万枚をはるかに超えます。関心の幅が広すぎて食いつきようもありません」。司馬もまた「全集六十八巻、同じく十万枚を超え、膨大にして系統的な歴史小説群は平安末期から明治末まで及びます。さらには文明史家としての晩年が厳然として聳えます。大きすぎてだれの手にも余ります」と、何はともあれ量がすごい。

半藤は「両巨人」と崇め奉り、手放しで礼賛してやまない。文藝春秋にいて売れる作家に仕えた編集者、そして経営者だった立場上、当然なのかも知れない。しかし「巨人」にもアキレス腱があって、清張においてそれは著しい。

清張の代表作『日本の黒い霧』について、版元の文春が所論を訂正する注記を付すと決めた。伊藤律を「革命を売る男」として、戦前は特高警察のスパイ、戦後は連合国軍最高司令官総司令部（GHQ）のスパイと断罪したことは事実無根だった。遺族から出版停止を求められたが、執筆当時は資料が限られ、律も日本を脱出していて会えなかった。誤断もやむを得なかったのだと庇う。嘘と分かっていても売らんかなという商魂には恐れ入る。

「小説」とかぶせておけば頬かむりできたろうに、なまじ「ノンフィクション」と称したのがまずかった。「ここに書かれてあることは事実ではありません」という「ノンフィクション」とは前代未聞だ。テレビドラマの最後によく「これはフィクションです」とお断りが出てきて噴き出すことがあるが、「事実でない」と弁解つきのドキュメンタリーがあるか。

「事実の重みを直視していると、絵空事をまぜながら真実を描くという小説なるものが、ばかばかしくも生ぬるいもののように思えてきたのではないでしょうか」と半藤は弁護するが、小説が「ばかばかしくも生ぬるいもの」とは知らなかった。清張は『日本の黒い霧』をノンフィクションとして重んじていたらしい。「下山事件、もく星号事件、昭電事件・造船疑獄にはじまって、松川事件、レッド・パージ、朝鮮戦争の十二編からなるこの作品は、日本のノンフィクションの新生面を切り拓きました」。

事実を集めて考察を加え、実は何があったのか、それを現前させるのがノンフィクションの作法である。ところが清張はまず結論ありきで、戦後の怪事件は一貫して米国の謀略と看做したのである。

後進の加藤典洋は「記念碑的作品」と称賛したが、同時代の大岡昇平は清張に「米国の謀略団の存在に対する信仰」を見て批判した。眼力の差は争えない。

「彼の推理はデータに基いて妥当な判断を下すというよりは、予め日本の黒い霧について意見があり、それに基いて事実を組み合わせるという風に働いている」

つまりご都合主義だと弱みを突いたのだ。清張は反論したものの、ずいぶん気にしたらしい。大岡が論争に持ち込まなかったのは、文士の情けだったと思われる。

しかし「清張の虚妄」に我慢ならない人たちが、当然のことながらいた。前項で触れた渡部富哉がその一人。さらに『松本清張の陰謀』を著した佐藤一は、『日本の黒い霧』を真っ向幹竹割にしてみせた。佐藤は一九二一年生まれ。東芝鶴見工場設計部員で労組役員。四九年九月、松川事件の容疑者とされて第一審で死刑判決を受けた。アリバイが証明され、真相は不明のまま六三年九月、無罪確定。六四年、下山事件研究会事務局長。『資料・下山事件』を作った。

下山事件は見方が分かれる。新聞史にも朝日が他殺説、毎日は自殺説と対立したことが残るが、今も喧しい。わたしは佐藤の『下山事件全研究』を読んで腑に落ちて以来、自殺説である。

清張は米諜報機関による謀殺説だ。「一等資料」を収集し、「調査にかなりの時日を費やした」と自賛するが、しかし佐藤によれば、当時を知る新聞記者にも捜査員にも当たっていない。下山は血抜きをされただの、替え玉がいただの、死体運搬列車が走っただの「ただただ推理につぐ推理」なのだ。

必要文献に目を通すこともなく、実地に取材もしないで書くのは、渡部の『白鳥事件　偽りの冤罪』でも痛撃された清張の常套手段である。その一つひとつを挙げる煩に堪えない。七章からなる『陰謀』の随所で、「国民的作家」のずさんな作法が指弾されている。

要約すれば「全く調べず想像のみで語っている痕跡ばかり目につく」ということである。推理小説ならそれでいいだろう。ノンフィクションとしては致命的である。分をわきまえて、清張は小説を書いていればよかったのだ。

朝鮮戦争を仕掛けたのは北というのが今日では常識である。それを南と推理し、戦後一連の怪事件は、米国が北へ攻め込むための布石だったとする米軍謀略説は破綻している。破れていようが、壊れていようが、謀略話が大好きという蚤はいる。文藝春秋が清張を引っ込めないはずだ。

●『松本清張の陰謀』（佐藤一著、草思社、二〇〇六年）▽『清張さんと司馬さん』（半藤一利著、日本放送出版協会、〇二年）

命の連鎖ということ

「片雲の風にさそはれて、漂泊の思ひやまず」して旅に出ると言った芭蕉は元禄二年、奥州長途の行脚を思い立つ。「道祖神のまねきにあひて取もの手につかず」と、あわただしい出立ぶりを『おくのほそ道』に書き残している。

わたしが五月の山形へ向かったのは、「月山の新緑を見に来ませんか」という、道祖神ならぬ友人長岡昇の招きを受けてのことであった。朝日新聞にいたときの同僚で、定年の四年前に辞めて帰郷。山形県が募集していた民間からの校長に応募して、生地朝日町の小さな小学校の校長になった。

新聞ではニューデリーとジャカルタの特派員を経て論説委員に任じアジアを担当した。戦乱が起きれば現地へ向かい、大津波があれば被災地を巡った。外報系は総じて尻が重く動きたがらないが、長岡は珍しく現場主義を貫き、多くの理不尽な死を目撃してきた。

アフガニスタンの難民キャンプに、戦闘に巻き込まれて孫を亡くしたという白髭の古老がいた。「私のような年寄りが生き残り、命を授かって間もない孫が死んでいく。耐えがたい」

訥々と語る言葉をメモしたら、それは自ずから詩文と化した。

「君のいのちは／お父さんとお母さんが出会って生まれた。／どちらかが病気やけがで倒れていたら／君はこの世にいなかった。

お父さんとお母さんは／おじいちゃんとおばあちゃんが出会って生まれた。／だれかが病気やけがで倒れていたら／二人はこの世にいなかった。

おじいちゃんとおばあちゃんは／ひいおじいちゃんとひいおばあちゃんが出会って生まれた。／そして、／ひいおじいちゃんとひいおばあちゃんも／昔むかし若い二人が出会って生まれた。

たくさんの、／数えきれないほどたくさんのいのちが／幸運にも生き永らえて／いのちを君につないできた。／だから、いのちは『幸運の結晶』。／ひとつひとつ、かけがいのない存在。」

教育界に身を投じるに際し、学校運営の指針に「いのちは『幸運の結晶』」を掲げた。アフガンの老人の顔が浮かんだからであった。

ことし還暦で定年になり、山形大学のプロジェクト教授に転じたが、二年前ににわか校長の喜怒哀楽を元『ビックリハウス』編集長で三児の母である高橋章子との往復書簡に託した『未来を生きるための教育』という題の本で公にした。それには給食費の不払い、学力とは何か、小学校での英語教育の是非など、多岐にわたって綴られている。

言いたいことを言い、言わねばならぬことを言うのを務めとしてきた新聞記者が、ひたすら旧習を尊び、頑迷固陋を処世術とする連中に満ちた世界でやっていけるのかと懸念したが、やはり時に物議をかもさずにはいなかった。

給食が地域によってうまいまずいがあると発言したら、まずい地区の市長さんの癇にさわったらしい。確かめたけど誰も不満は言ってない。勝手なことを言うのはけしからんといきり立ち、謝罪しろと言われた。陰では誰もがまずいと言うのに表では口をつぐむ。それが教育村社会の交際学と知る。

「もちろん、謝りはしませんでしたがね」と、車を転がしながら長岡は意気軒高であった。それでいい。西川町の月山志津温泉へ向かっている。「あれが」と長岡が指差す方に雪をかぶった山が見える。

「彼方に白く輝くまどかな山があり、この世ならぬ月の出を目のあたりにしたようで、かえってこれがあの月山だとは気さえつかずにいたのです」（森敦『月山』）

いま車は内陸から近づいているが、森が庄内のほうから入ったのは一九五一年、三十九歳の夏のことで、翌年初夏まで七五三《しめ》掛《かけ》の注連寺《ちゅうれんじ》という寺に過ごした。

森の人生は尋常とは言えない。

一高を一年で中退して横光利一に師事。「文学の神様」の推輓で大阪毎日新聞・東京日日新聞に「酩酊船」を連載したとき二十二歳。鮮烈な登場だが、すぐ文壇から消える。再び囃されるのは四十年後、「月山」が芥川賞を取ったときである。ことし七十五歳の黒田夏子が受けるまで、「新人」のための芥川賞の最年長記録保持者であった。

長い沈黙後、森は光学機械会社や電源開発、印刷会社に勤め、三重の尾鷲、新潟の弥彦、そして細君の故郷の庄内を放浪していた。

「ぼくはね、働くときは徹底して貯金する。先々食っていけるほどの貯金ができると、パッと辞めて遊んでいた。しかし、気がつくと金がない。そして、また働き出すというぐあいだった」六十歳のとき、古山高麗雄から『季刊芸術』への作品発表を勧められた。「じゃァ、書かせていただきましょう。書くからには、必ず喜んでいただきますよ」。

かつての見聞をもとに「月山」が紡がれる。男が山に来て、去って行く。筋という筋もない奇妙な物語である。幾度も試作しては頓挫していた。それが「ながく庄内平野を転々としながらも、わたしはその裏ともいうべき肘折の渓谷にわけ入るまで、月山がなぜ月の山と呼ばれるかを知りませんでした」という書き出しを得て、一気に一カ月で書き上げたという。

月山は「古来、死者の行くあの世の山」である。しかし本然の姿を見せない。「死こそはわたしたちにとってまさにあるべき唯一のものでありながら、そのいかなるものかを覗わせようとせず、ひとたび覗えば語ることを許さぬ、死のたくらみめいたものをかんじさせるためかもしれません」。

むかしは理解できなかったくだりが、今はすっと染み入ってくる。作家は六十歳でやっと書けたのである。読むにも年を重ねることが必要であったのかも知れない。

長岡と久し振りに痛飲したあと、宿の床で『月山』を開いた。

「あやまたず生を見まもればおのずと死に至ることができる」

吹き（吹雪）のなかに森敦は死と生をつなぐ道を見た。遠くアフガンに「いのちのつながり」を語った老翁がいた。酔眼朦朧、二人の言葉がぐるぐる回るうちに、いつか眠りに落ちていた。

●『未来を生きるための教育』（長岡昇・高橋章子共著、フリーダム発行・かもがわ出版発売、二〇一一年）▽『月山・鳥海山』（森敦著、文春文庫、一九七九年）

調査報道の天才の死

「ヤマバク」という調査報道の天才がいた。七月、命を終えた。

当今一記者の死なぞ記事にしない朝日新聞が、まことに異例のことにその訃を報じた。

〈山本　博さん（やまもと・ひろし＝元朝日新聞記者、元朝日学生新聞社長）四日、心不全で死去、七十歳。葬儀は故人の遺志で行わない。後日、「お別れの会」を開く。

北海道新聞を経て一九七〇年に朝日新聞入社。数々の調査報道に携わり、東京社会部時代に談合キャンペーンや東京医科歯科大教授選考をめぐる汚職事件の報道で新聞協会賞を二回受賞した。横浜支局次長として川崎市助役への未公開株譲渡問題を指揮し、後のリクルート事件に結びつけた〉

政界財界官界の御用記者や社内政治がお得意の茶坊主とは一線を画して、山本は地を這う取材を実らせて特ダネを連打した。こんな記者は空前、そして絶後であろう。

一九四二年、東京は月島に生まれた。早稲田大学第一商学部を出て北海道新聞へ入社。「須田禎一がいた社だからね」と語っていた。

須田は朝日から道新へ移り、六〇年安保のころに一面コラム「卓上四季」に健筆を振るった。さらに六四年から七三年にかけて毎日新聞社の週刊誌『エコノミスト』に「刀鬼」の署名で「氷焔」というコラムを書き続けた。社会通念に挑む姿勢を持して、その筆鋒は鋭く、反骨ぶりを発揮した。

須田とは逆に、山本は道新から朝日に来た。巨人に似て他紙の優秀な記者を引き抜くのは朝日の伝統である。一応行われた採用試験で山本は抜群であったという。

「日本一」の同業のところでどこまでやれるか試してみたい、青くさい意気込みがあった――と言ったのは、戦前に報知新聞から朝日へ転じたむのたけじだが、山本も同じ思いだったかも知れない。

朝日で山本の才能は全開した。

七九年の公費天国摘発に始まり、ＫＤＤ事件、建設業界談合事件、三越ニセ秘宝事件、東京医科歯科大教授選出汚職事件、福島交通の小針暦二社長疑惑、平和相互銀行事件、リクルート事件。そして九〇年元旦に打った「中曽根元首相側近名義で株取引、一億二千万円の差益」。一連の調査報道は山本なしでは成らなかった。そのいちいちの内容は、山本が現役時代に著した『追及――体験的調査報道』（のち改題して文庫版にした『朝日新聞の「調査報道」』）、及び退社後に出した『ジャーナリズムとは何か』に詳しい。

「調査報道とは」と、山本は定義している。「ニュースソースを当局に頼らず、放っておけば将来にわたっても公表されないだろう当局にとって都合の悪い、隠しておきたい事実を、ジャーナリズムが直接、調査取材し、自らの責任で明るみに出すことである」。

調査報道と言えば、ワシントンポストの若い二人の記者が大統領を辞任に追い込んだウォーターゲート事件が有名である。日本では立花隆の田中金脈暴露（『文藝春秋』）をもって嚆矢とする。「あんなことは知っていた」と政治記者が陰でほざいたというが、新聞はさんざん世間の嗤いものになった。記者の取材と表現方法、何よりも存在理由が疑われたのである。

新聞が独力で調べ、自らの責任において記事にする。「捜査当局によれば……」ではなく、「朝日新聞の調べでは……」という記事が書かれるべきである。そういう型が生まれたのはロッキード事件だった。そしてその型を固持したのが八〇年代の朝日社会部であり、その中核には常に山本がいた。

山本は各界に幅広い人脈を培い、接触を絶やさなかった。大晦日の除夜の鐘を自宅で聞く年はなかった。いざ鎌倉のとき、人脈をたどって必ず当事者に当たった。その頂点にリクルート事件が来る。

横浜支局次長のときだった。それも捜査当局が捨てたものを、「ここで放り出してしまえば、全ては闇から闇に葬られる。われわれでウラを取ってみよう。朝日の責任で報道できるはずだ」と駆け出し同然の記者たちを督励して始めたのだ。デスクの山本も夜討ち朝駆けを重ねた。汚染は政財官界から言論界にも広がっていて、ついには竹下首相の退陣に及んだ。

余談ながらリクルート事件で朝日は新聞協会賞を受けていない。その年自作自演のサンゴ写真捏造事件があり、「朝日に与えるべきでない」と牽制した社があったからだ。協会賞なんざそんな程度のものなのである。

調査報道の意味は、それが権力を監視することにある。山本が執着したのは、須田が自伝『独絃のペン　交響のペン』に言う「記者は常に権力批判の立場を」との信条を墨守したからに違いない。

アクが強く、遠慮なくものを言うから嫌う人がいたが、同じくらいそこがいいと言う人もいた。自信家で傲岸にさえ見えたが、夜討ちも張り込みも率先してやった。勉強家で、「君は財務諸表が読めるのか」と渡辺美智雄に驚かれた。都知事の鈴木俊一からは「ぜひ秘書になってほしい」

と頼まれた。敵対した取材相手がいつかシンパに変じていた例は十指に余る。

名古屋本社社会部長で編集を離れ、業務系の中二階管理職から子会社の社長に出た。親会社も子会社も凡庸な出来の「社長」が多い中で卓越する経営手腕を見せたが、当人には満ち足りた日々ではなかったろう。

ときどき呑もう、と言うからときどき会った。呑めばいつも、新聞のことが話題になった。「ネットは自分で取材していない。借り物を並べ直しているだけだ。便利だが国民はばかになる。ネットに調査報道はできない。できるのは新聞だけだ」というのが持論だった。新聞の現状には不満で、「原発事故後、検証ものが流行っているが、繰り言を述べるのが精一杯だ。あれは調査報道ではない」と言い、「今こそ調査報道が大事だ。このままだと国民は何も知らないままだ。しかし社の内外に障害がある。だいいち幹部たちがそのことを分かっていない」と歯噛みすることしきりだった。

今にして、それは危機に直面する新聞への、天才ヤマバクの遺言だったのだと聞こえる。

●『追及――体験的調査報道』（山本博著、悠飛社、一九九〇年）▽『朝日新聞の「調査報道」』（同、小学館文庫、二〇〇一年）▽『ジャーナリズムとは何か』（同、悠飛社、〇三年）

山本周五郎の二枚舌

酷暑に昔の人は「暑い事枕ひとつを持ち歩き」で処したというが、わたしはこの夏、分厚い『周五郎伝』を持ち歩き、時に枕に用いた。

一九〇三年六月、山梨県初狩村に生まれた山本周五郎は、六七年二月、横浜で没した。六十三歳の生涯に「三十八巻の全集と全集未収録作品集十七巻に収められるだけの小説」を残した。

貧苦の育ちのなか、小説家を志す。「読書、なかんずく小説を読む喜びは、もうひとつの人生を経験することができる、という点にある」と言い、倦まず弛まず、「喜び」の元をひとつ、もうひとつと作っていった。描いた人の生き方と死に様は幾百幾千を数える。

読む者に、ある時は勇気を与え、ある時は慰藉を用意し、ある時は断念を促し、またある時は覚悟を強いた。そのことにおいて、稀代の作家であった。誰もが山本周五郎との邂逅を懐かしく思い、有意義だったと回想している。わたしもずいぶん世話になった。

『黒船前夜』の渡辺京二は「周五郎の小説を読みふけったのは、自分がもっとも苦しい時期であった」と言う。生きるのに「もっとも苦しい時期」に読む本があったとは、何と有難いことだったろう。

純文学と大衆文学の差別に意味があると考える文芸評論家連中を尻目に、いち早く山本周五郎を認めた奥野健男は、『太宰治論』の著者らしく、「太宰治が三十九歳で自殺せず、もし生きていたら、山本周五郎のような生き方をしたのではないか」と述べた。

新聞記者出身の文明評論家森本哲郎は、ジョイスやヴィトゲンシュタイン、ハイデガー、ブルクハルト、カフカ、魯迅など二十三人の思想家を総覧した『思想の冒険家たち』に、日本からただ一人、山本周五郎を選んだ。作中人物に「人はなんによって生くるか」と言わせた作家を世界の思想家に比したのである。『青べか物語』は森本の座右の書であった。

作家開高健は山本周五郎を「痛苦の忍耐もあればほのぼのとした安堵もあたえられる、おとなの作品群」と褒めた。仏文学者多田道太郎は「私たち日本人は、ついに愛と犠牲において現世を『超越』しえないのだろうか。『樅ノ木は残った』の最後の、みごとな数行を読み、私はそのような感慨にとらわれた」と称賛した。

相手構わず苛烈な筆誅を加えた書評家谷沢永一は、極めて例外的なことに、『樅ノ木は残った』を「日本近代文学史上に類似の作品を見出し得ない傑出した独創の達成」と激賞し、読書界を驚かした。

そしてここに、齋藤愼爾がいる。

三九年生まれ、俳人で編集者。たった一人の書肆「深夜叢書社」を主宰して五十年、四百余冊を世に送り、また芸術選奨文部科学大臣賞を受賞した『ひばり伝――蒼穹流謫』や『寂聴伝――良夜玲瓏』の評伝作家である。その齋藤が「学恩」という文字を捧げて、山本周五郎伝を綴った。

六〇年安保世代に属する齋藤は学生運動の挫折と同時に身辺に出来した失恋事件で「ほとんど進退窮まっていた」。そのとき「周五郎を読むことで、私は救われた」と言うのだ。主人公たちは「一回限りの人生を懸命に生きていた。虚飾で人の眼をくらませたり、自分を偽ったりすることなく、忍耐しながら、この人の世でそれぞれの確かな役割を果たしている」。

とりわけ齋藤が打たれたのは「その木戸を通って」である。侍のもとへ記憶喪失の女がやってきて、妻となる。娘ができて平穏な月日が流れた。しかし三年の後、女はまた木戸を通っていなくなる。「いずこより来て、いずこへ去るか」。齋藤は恋人に去られた自分を重ねて、涙で読み進めることができなくなってしまう。

万巻の書に囲まれながら「読書のさなかに頁を繰る手を止め、激しい渇きを覚えるケースは、周五郎だけである」と独白する齋藤が、折に触れて資料を集め、先行する伝記類の全てに目を通し、「学恩」ある人に対した。崇敬の念を失わず、その救い難い弱さから目をそむけず、ひたすら等身大の人物像に迫ろうとする姿勢を持する。

山本周五郎は酒癖が悪かった。「癇にさわるとひとにからんで暴力を振るう」と、編集者たちの間ではつとに要注意人物だった。

山本周五郎は嘘つきだった。出生地で嘘をつき、学歴で嘘をつき、初恋談義でもいかにもあったかのような虚言を弄した。当人の語るままに作られた年譜には、訂正の必要な個所がふんだんにある。

ことに質屋に奉公に入る前、県立横浜一中を中退したという履歴に異常な執着を見せた。そもそも受験していなかったのに、である。

山本周五郎は不人情だった。何かと後押ししてくれ、その本名を筆名に頂戴した質屋の主人を「真実の父」とまで称したが、「父」の通夜にも葬儀にも不参で、「人間のつきあいは生きている間だけのことだ」と言い捨てた。

山本周五郎は配慮に欠けた。「前のひと」を亡くしたあと、底抜けに明るい「きんべえ」と再婚したが、放蕩をやめず、隠さず、気に食わないと、妻の作った食膳をひっくり返した。家計のやりくりも前妻との四人の子の面倒見も押し付け、長男が入院しても一度も面会に行かなかった。「きんべえ」にも子が出来たが、始末を強いた。

山本周五郎は狭量だった。つきあい下手で、ひがみっぽくて、劣等感の固まりだった。大佛次郎や長谷川伸にいわれなき敵意を抱いた。直木賞、毎日出版文化賞、文藝春秋読者賞をいずれも辞退したが、これが文化勲章や日本芸術院賞といった「官製」だったらどうだったか、と齋藤は言うのである。

「あなたって二枚舌ね」ときん夫人は評した。全くとんでもない男だった。しかしその作品群は文学史に屹立している。

実人生を虚構した山本周五郎は自伝を書かなかった。伝記など迷惑にちがいない。それにもかかわらず、長大な評伝を著した齋藤は、「後書」で読者にこう告げる。

「周五郎の作品の何篇かを読まずに通過するのは、明らかに生涯の損失と言いたい」

何篇などといわず、全部読めと、齋藤は言うべきだった。

●『周五郎伝——虚空巡礼』（齋藤愼爾著、白水社、二〇一三年）

松岡二十世という人

人の一生をたどるとき、蘇ってくる言葉がある。例えば――

「人は様々な可能性を抱いてこの世に生まれ来る。彼は科学者にもなれたらう、軍人にもなれたらう、小説家にもなれたらう、然し彼は彼以外のものにはなれなかつた。これは驚く可き事実である」

『改造』懸賞論文の二席だった小林秀雄「様々なる意匠」の一節である。一席は芥川龍之介を論じた宮本顕治の「『敗北』の文学」であった。宮本は文芸評論家にもなれたろう。しかし日本共産党のボス以外のものにはなれなかった。

松岡二十世《はたよ》という人がいた。

一九〇一年の生まれ、仙台支藩の登米藩で代々祐筆を務めた家を継ぐ父親は、新世紀への希望と期待から「二十世」と名づけた。

秀才であった。中学四年修了で第二高等学校（仙台）へ二番で合格し、さらに東京帝国大学法学部政治学科へ進んだ。「末は博士か大臣か」はともかく、流れに棹さしていれば順調な人生は保証されていたのも同然であった。

関東大震災が来た。二十世は東京帝大セツルメント運動に参加し、新人会に属してマルクス主義に接触する。「おくて」だったという若者が社会の矛盾に目覚め、「順調ならざる人生」へ歩み出す。

社会の矛盾を知っても学生一人一人には事情があり、中学校以来同学の親友菅原達郎は学資を他家に仰いだゆえ高等文官試験を受け、卒業後は司法官試補に任官する。二十世のほうは、三男で、家のしがらみもなく、仕送りもほどほどにあって、大学を出てとりあえず大学院に籍を置き、北海道の農民運動と関わりを深める。

北海道往来は新人会時代からで、小林多喜二未完の「轉形期の人々」に、「東京からやってきた、ロイド眼鏡の黒い、太い縁がよく似合うスッキリした顔立ちの『松山幡也』という、めずらしい名前の学生」が登場する。「幡也」はエンゲルスの『ドイツ農民戦争』を翻訳中で、「エンゲルスってなかなか才筆家だネ」などと言うのだが、これが二十世のことであった。

奇遇というべき人と人の交差がある。大正末年、東京朝日新聞の入社試験で東大の尾崎秀實、松岡二十世、慶應の野呂榮太郎（日共の理論指導者）の三人が残るが、二十世と野呂は外され、尾崎が採用された。尾崎の朝日入社がなければ、ゾルゲ事件は成立しなかったろう。

二十世は札幌の北海タイムスに入った。しかし目的は新聞記者にはなく、わずか四カ月で退社。日本農民組合北海道聯合会の書記となって、凶作に疲弊した農民を救済すべく活動した。人生に富や名声を求めるのではなく、志を立ててそれに邁進せよとは、幼少のころから父親の教えであった。

抜群の実務能力であった。とりわけ謄写版技術にたけ、短時間で必要事項をガリ版に切って仲間に伝え、情報の共有を図った。磯野富良野農場小作争議と樺戸郡月形村小作争議で地主側に譲歩させるという「輝かしい勝利」を得て、さらに地を這う運動を担う。しかし治安当局の「敵意」を免れない。

共産党員が治安維持法違反容疑者として大量検挙された二八年の三・一五事件で二十世も逮捕された。大審院まで争ったが懲役三年の実刑判決が確定して網走刑務所に下獄。言語を絶する状況に耐えた。わが行動は私利私欲にあらず、「世のため人のためである」との使命感は揺るぎもしなかった。

「指導者は農村へ」を実行し、出獄後も北の地で「にわか百姓」に精出す二十世に会った島木健作が『東旭川村にて』に書いている。

「Mを見て、東大出の法學士だなどと思ふものは恐らく一人だつてないだらう。以前から生れながらの百姓のやうな男だつたが、今度遇って見ると、愈々さうなつてゐる」「ゴルフパンツをはいた紳士、村の商人らしい男、百姓などが彼に挨拶する。彼等と言葉を交わしてゐるMは私などを惚れ惚れさせる」「彼は自分につぐなはねばならぬものがあるとすれば、それは口舌によらず行動によつてでなければならぬことをひしと感じたのであつたらう」……そして二十世は、「信ずる所あるものの莞爾たる笑ひ」を笑っていたとある。

時代が渦を巻いて流れていた。

度々の弾圧で農民運動は衰微し、戦時国家体制へとなだれ込む渦の中で二十世は「われ何をなすべきか」を考える。北海道での「ひやくしようのよきひ」実現を断念し、上京して評論の仕事にかかる。招かれて大陸へ赴き「満州国協和会」で調査研究に従うが、敗戦とともにソ連によって拉致され、シベリアで死ぬこととなる。

四五年九月、新京で「社会主義国の現実をこの目で見て来る」と言い残して連行されていく父と別れたとき、倅の將は十歳だった。日本に引き揚げてきて、戦後も待ち続けた父はついに帰って来ない。

長じて将は五八年、東大から農林省に入り、在米大使館勤務、国際部長、東海農政局長を歴任。ジェトロ、ＦＡＯ協会にも勤めた。

ふと父のしてくれたことは「満州での数年間の人並みの暮らしだけだった」と思う。父は何のために生きたのか。七十の坂を前に将は「父を探す旅」に出た。宮城、東京、北海道、旧満州、そしてシベリア。――四十七歳の生涯を定着するのに十年近くかかった。

人は時代を超えられない。翻弄されつつも自己に忠実に生き、思いもよらず、アムール川のそばに埋葬された二十世には、山本周五郎の言葉が似つかわしい。

「人の生き方に規矩はない、ひとりひとりが、それぞれの人生を堅く信じ、そのほかにも生きる道があろうなどとは考えもせず、満足して死を迎える者が大多分であろう」（『ながい坂』）

二十世が人生に満足して死を迎えたとは思えない。だが「激動と波乱の昭和現代史を、『時代の子』の如くであった彼になり替わって、あたかも私自身が生きてみる」として書かれたこの本には満足するだろう。わたしはこの本で、これまで知らずにいた、知るべき人を知ることができたのである。

●『松岡二十世とその時代――北海道、満州、そしてシベリア』（松岡将著、日本経済評論社、二〇一三年）

初心忘るべからず

電波のコメンテーターにはいい加減なのが多いが、ラジオで「トウデンのハジョウ」と言うのがいた。トウデンは東電として、ハジョウとは何だろう、ああ破綻のことか、と気づくのに時間がかかった。破綻の「綻」を「ジョウ」と発音したのだ。

「頭っ」を「あたまっ」と叫んだり、「戦場」を「せんば」と読んだりの役者がいたというのはお笑い草だが、しかし時事解説者がまともに字を読めないようでは、偉そうな御託宣も台無しである。

これもラジオで「ニュースの職人」というのを知った。『ニュースの天才』という外題のアメリカ映画で、「天才」は記事捏造の常習者だったが、はて「ニュースの職人」とは何者だろうと怪しんでいたら、鳥越俊太郎というのが出て来て何やら感想を喋っている。

毎日新聞出身の「ジャーナリスト」である。テヘラン特派員や『サンデー毎日』編集長を経て、テレビのキャスターになり、「桶川女子大生ストーカー殺人事件」に絡んで新聞・放送界が仲間内で出している「日本記者クラブ賞」というのを受賞。取材対象は、自らの癌にも向けられ、テレビで公開してみせたとある。

記者根性満々のお方かと思いきや、マットレスの全面広告に「私の睡眠に欠かせない大事な親友です」と、ポーズ写真入りで登場しているのには驚いた。いつだったかピーターがやっていた。

役者や芸者なら構わない。だが記者は一商品のセールスマンであってはならない。「不偏不党」の立場が泣く。そんな掣肘は受けないと言うのなら、「ジャーナリスト」とか「ニュースの職人」と名乗るのはよしてくれ。

「新聞は商品である」と喝破したのは、毎日新聞中興の祖である本山彦一であったが、「記者は商人である」とは言わなかった。

毎日は多士済々の人材を輩出して来た。今日でも例えば、癌を抱えながら、二十四年来の「近聞遠見」を書き続ける岩見隆夫は別格として、硬派の山田孝男、軟派の鈴木琢磨をはじめ数多くいる。

山田はこの夏、小泉純一郎の「脱原発論」をコラム「風知草」で抜いた。朝日などやっと一月遅れで後追いする始末であった。

新聞コラムの要諦は①特ダネである②独自の見方を示す③文章がいい、の三つである。このうち少なくとも一つを満たしていなければならない。箸にも棒にも掛からぬコラムがあふれるなか、山田の作品は群を抜いている。

鈴木のほうは夕刊に居酒屋巡りをせっせと書いていた。大酒呑みの本好きらしい。新聞記者は誰しも本を好むだろうと思われているかも知れないが、朝日で「素粒子」を書いていた斎藤信也がつとに慨嘆したように「本を読まない記者が実に多い」のである。

鈴木がある日、古本屋で書棚を眺めていたら、ふと薄い本に目が止まった。背表紙に『竹』、著者山本有三とある。東京帝大時代、芥川龍之介らと第三次『新思潮』を創刊。小説に『真実一路』や『女の一生』。戦中は軍国主義を批判。戦後第一回の参議院議員を務めた作家のことを知らず、この時はただ『路傍の石』を連想しただけ。通り過ぎてもよかったのに、「品あるたたずまい」に手を伸ばした。本と遇うとは、そういうことだ。

敗戦後間もない一九四八年、今はない細川書店刊。定価六十五円。手すき和紙を使ったフランス装である。

詩集だろうと思った鈴木は、これが新憲法に関わる文集であることに驚く。あたかも失政の民主党政権を野に追って復権した首相安倍晋三が、九条に照準を合わせて「改憲」を言い出したころだった。

噛んで含めるように作家は言う。

「日本は領土を廣めようとして海外に乗り出した時は、必ず失敗している。秀吉の場あいがそうである。シベリヤ出兵がそうである。そして今度の戦争もまたそれである。日本は侵略によって伸びる國ではない。日本が伸びる道は、ほかに立派にあるのである」

「原子爆弾の時代になっては、十万や二十万の兵力なぞは、おもちゃの兵隊にひとしいものではないか。問題は、どれだけ武力を持つかということではない。そんなものは、きれいさっぱりと投げだしてしまって、はだかになることである。そのほうが、どんなにさばさばするかしれない。はだかより強いものはないのである」

「若い人たちにお願いしたい。あなた方は、これからの日本をしょって立つ人々である。あなた方が、もし道をあやまったならば、日本はさらに、どんな事にならないとも限らない。たきぎにふしきもをなめても、戦争以前の日本に返したいなぞと考えているものが、もしあなた方のなかにあったら、それは非常なまちがいである」

これは新憲法公布翌日の四六年十一月四日の朝日新聞に寄せた「戦争放棄と日本」であった。

山本有三は憲法の口語表現を政府に進言、内閣法制局の依頼で前文から九条までの試案を書き、それが現憲法の下敷きとなった。

書名になった「竹」と題する随想で、山本は「ぱっと咲いて、ぱっと散る」桜を愛でることに疑問を呈し、これからの日本人に大事な「ねばり強い気力、一つの新しいのを、どんなに苦労しても、築きあげてゆくという精神」を象徴するのは竹である、と述べる。

「どんなに、上からの圧迫が強かろうと、口を結んでこらえている。ポキンと折れるような、ふがいないまねは、めったにしません」

未曾有の敗戦の焼け跡から再生へと日本が身悶えしていた時代に、一文学者の抱いた覚悟を伝える一冊の本の行間に、一記者はただの知識に過ぎなかった新憲法を巡る「血の通ったドラマ」を見るのである。

押しつけられた憲法のために、なぜ理想主義の作家は戦ったのか。「いまこそ、憲法が誕生したあの時代の空気を知っておくべきではないのか」。記者は五月二十日付夕刊に書き、一本を編んだ。名づけて『日本国憲法の初心』。

山本有三を追いかけた鈴木琢磨の文章には、伝えるべきことを伝えたいという記者の初心が沸々とたぎっているようである。

● 『日本国憲法の初心――山本有三の「竹」を読む』（鈴木琢磨編著、七つ森書館、二〇一三年）

ハンナ・アーレントの義

二〇一三年十一月、東京。

神保町に映画『ハンナ・アーレント』を見に行く。開場前に行列。多くは若き日、アーレントを読んだとおぼしき初老の男女。

＊

一九六〇年五月、ブエノスアイレス郊外。

夜、バスが一人の男を降ろし、闇の中へ消えて行く。男は懐中電灯を点け、鞄を手に歩き出す。突然、幌つきのトラックが近づき、降り立った二人がその男を捕らえ、荷台に押し込む。一瞬、男が叫ぶ。路上に、点けっぱなしの懐中電灯が転がっている……。

幕開け、ナチス戦犯アドルフ・アイヒマンをイスラエル諜報機関が拉致するシーンに、満席の館内が息を呑む。

＊

アーレントは一九〇六年、ドイツ・ハノーヴァーでユダヤ人家庭に生まれた。ヒトラーの出現により亡命を余儀なくされ、フランスを経てアメリカへ渡った。戦後、独自の政治理論家となる。哲学と神学を学んだドイツでの学生時代、ヤスパースとハイデガーに教わり、ハイデガーとは師弟の線を超えて恋愛関係にあった。

アーレントの名声を高めたのは、ナチズムとスターリニズムを批判しつつ展開した二十世紀文明論の『全体主義の起源』（全三部）である。アーレントは、全米の有名大学から客員教授として招聘され、さらに現代の政治問題についても評論活動を展開、論壇に確固たる地歩を築いた。

＊

一九六一年四月、エルサレム。

「ユダヤ人たちへの罪」など十五の訴因によって訴追されたアイヒマンに対する公判が始まった。アーレントは『ニューヨーカー』誌特派員として傍聴席にいる。

検事「私は今、イスラエルの裁判官の前で、アイヒマンを訴えます。私は一人ではなく、六百万人もの原告と共におります」

ガラスの檻の中に守られたアイヒマンは無表情だ。傍聴記にアーレントは書いている。

「中背で、痩せて、中年で、額が禿げ上り、歯並びの悪い、近視の男」は、裁判中判事席のほうに首を伸ばしたまま、「ただの一度も傍聴席に顔を向けなかった」。

すわ「怪物」の裁きとばかり世界中の注目を浴びた法廷だったが、「ジャーナリストたちがまじめに出席していたのは二週間ぐらいのもの」であった。だらだらと続く裁判に、アーレントは時に苛立ち、時に気力が萎える。

裁判所通訳・女性「一輛に乗せるユダヤ人の人数を決めたのは、あなたですね」

アイヒマン「それが命令でした。殺害するか否かはすべて命令次第です。事務的に処理したんです。私は一端を担ったにすぎません。ユダヤ人輸送に必要なその他の業務は、様々な部署が担当しました」

六一年十二月十五日に死刑判決。控訴したが翌年五月二十九日、再び死刑判決。三十一日、一切の恩赦請願が却下され、数時間後にアイヒマンは絞首された、灰は地中海に撒かれた。

＊

一九六三年五月、ニューヨーク。

アーレントは六二年夏に傍聴記の執筆にかかった。

エリザベス・ヤング＝ブルーエルの伝記によると、彼女は報告を一回書くつもりだった。しかし膨大な資料に当たっていて、利用できる新聞記事があまりなく、評価に堪えないと分かり、「もっと長い著作」が必要だと確信した。「専門のジャーナリストたちの一回きりの報道は何も生みません」。

記事は六三年二、三月の『ニューヨーカー』に五回連載された。そして五月、『イェルサレムのアイヒマン』が出版された。これが世界の多数を巻き込み、今もなおくすぶる大論争を招く。

アイヒマンとは何者か。

「時代の風は彼をつまらない無意味な平々凡々の存在から彼の理解したかぎりでの〈歴史〉のなかへ、つまり〈運動〉のなかへ舞上らせたのである」

ユダヤ人の「移送」担当の中核にいたアイヒマンは、しかしただの小役人であった。実定法や権力上位者の命令に忠実に従うだけで、自分で考えることをしなかった。

「彼は自分のしていることがどういうことか全然わかっていなかった」

思考能力の欠如は想像力の欠落と判断力の不在に直結した。法廷で彼は弁解に努めたが、それは「無意味なおしゃべり」にすぎなかった。彼はひたすら出世を望んだが、たかだか「親衛隊（SS）中佐」に終わった。

ユダヤ人を命令のまま次々と「移送」したが、移送先に関心を持たなかった。あれだけの人間を死へ送り込んだのに、自分の責任などこれっぽっちも感じていない。「世界最大の悪は、平凡な人間が行う悪なのです。そんな人には動機もなく、信念も邪心も悪魔的な意図もない。人間であることを拒絶した者なのです」

アーレントはそれをこう名付ける。「悪の陳腐さ」と。

被告を拉致して来たという手続きのこと、国際法廷でなくイスラエル一国による公判だったこと、ナチに対するドイツ人の抵抗が弱かったということなど、アーレントは問題点を挙げていく。とりわけ反響を呼んだのは、ユダヤ人虐殺におけるユダヤ人の責任を容赦なく指摘したことだった。ユダヤ人の狩り込みから「最終的解決」に至るまで、ナチはユダヤ人に協力させたのだ。「自分の民族の滅亡に手を貸したユダヤ人指導者たちのこの役割は、ユダヤ人にとっては疑いもなくこの暗澹たる物語全体のなかでも最も暗澹とした一章である」

ユダヤ同胞を非難するものだ、思いやりに欠けている、との反感を買う。長年の友が去っていった。

「こうなると分かっていても書いたか」と夫に問われ、妻は決然と答える。

「ええ、記事は書いたわ。でも友達は選ぶべきだった」

孤立を恐れず、言うべきことを言う。言わねばならないことを言う。それが思想家として、アーレントの義であった。

●『イェルサレムのアイヒマン』（ハンナ・アーレント著、大久保和郎訳、みすず書房、一九六九年）▽『エキプ・ド・シネマ196号』（岩波ホール、二〇一三年）

2014年

借金五千万円と五十両

何はともあれ、暮れは赤穂浪士である。旧臘、歌舞伎座は「仮名手本」で、国立劇場は「知られざる忠臣蔵」だった。看板に引かれて国立劇場のほうを覗いた。

寛政三年初演の「弥作の鎌腹」は初代吉右衛門の当り役だったといい、それを初役で演ずる二代目が贔屓なこともある。

人の好い百姓弥作は、塩冶判官に仕えていた弟の弥五郎から討ち入りの秘密を明かされ口止めされた。しかるについ代官に漏らしてしまう。行きがかり上、代官を鉄砲で撃ち、己は鎌で腹を切る。

この代官、ただカネのことしか頭にない。威張り腐って強欲のところが都知事を辞める猪瀬直樹に似ている。カネにこだわる人間は面相に出る。田中角栄がそうだったが、猪瀬の顔も歪んできた。

だいたいが評判のいい男でなかった。すぐ居丈高になると聞いた。按ずるにそれは、何か劣等感の裏返しであろう。『天皇の影法師』や『ミカドの肖像』を読むには読んだが、大して感心した覚えはなく、関心はついぞなかった。

それが道路公団民営化のころ、識者然として立ち現れ、口尖らせて発言し出したから驚いた。そうこうするうち東京都副知事、さらに四百三十四万票も得て都知事になったのにはもっと驚いた。そっくり返って歩く恰好が何かブリキの人形のようでおかしかった。

十二月四日付毎日新聞が大宅賞作家たちに猪瀬を語らせていた。「昔から権力志向が強く、威張りたがる。その印象は変わっていません」と評したのは野村進である。

「大宅賞を取りたい」と、選考委員の本田靖春に接近。受賞後は「選考委員になりたい」と言ったそうな。「そろそろ東大教授になりたいなあ」。そうのたまうのを聞かされた東大教授もいたとある。

「業界の偉い人に近付いて肩書を増やす手法は一貫しているようでした。その後は小泉純一郎元首相、石原慎太郎前都知事……」

若いころの名刺は「ルポライター」。それが「ノンフィクション作家」となり、今は「作家」。そのことを野村は「出世魚みたい」と揶揄していたが、上昇志向一筋の男を言い得て妙である。

「僕は本田さんの一番弟子だ」とあちこちで吹聴する猪瀬を本田がたいへん迷惑がっていたという話を耳にしたことがあった。

「本田が猪瀬の師匠だ、と一部でいわれたことがあったが、その事実はない」と、死の床で書き継いだ自伝『我、拗ね者として生涯を閉ず』に本田は明確に記している。

「だいたい、生き方のまるで違う彼が、私に学ぶことなんてありはしないではないか」

猪瀬が「西麻布に事務所ビルを所有し、郊外に持家を構えている」ことを「誰にも教えてない」と言う。それを「隠す必要はないではないか」と本田は思う。だがそういうところに性根を見たに違いない。猪瀬のことをこう裁断した。

「勉強家だし、仕事熱心だし、世渡りも上手だと思うのだが、なぜか、人に好かれない。それは単に、威張り過ぎるから、といったような表面的理由だけによるものではなさそうである」

一代の記者が絶筆の書に後輩をあえてこのように書いたのは、この男によほどいまいましい存念を抱いていたからだと思われる。

その猪瀬が五千万円事件を自ら招き、墓穴を掘った。

「知事と五千万円」と言えば、三十余年昔、千葉県知事川上紀一が胡散臭い五千万円を受領し、書いた念書を暴露されて辞任した事件があった。猪瀬も持たなかった。

「そもそも五千万円もの大金を『無利子・無担保・無期限』で借りることは社会的、道徳的にありえるのか」とは石川好の言だが、それが世間の常識というものである。猪瀬は徳田虎雄によほど見込まれたのだろう。でなければ初対面の男に五千万円も貸してくれるわけがない。貸す側に下心があると見るのが常識だ。これは贈収賄ではないのか。

借金は落語の主題にもなる。大晦日、借金取り撃退に苦労する江戸庶民を描いて、「にらみ返し」や「言い訳座頭」があるが、何はともあれ「文七元結」だろう。

腕は名人ながら博打に狂って借金だらけの左官長兵衛が、吉原の「佐野槌」に呼び出される。娘のお久が来て「身を売るからその金を父にやって下さい」と頼まれたと女将が言う。「いいのかい？」。

情のある女将は五十両を「来年大晦日まで」との期限付きで貸してくれる。「ただし過ぎればお久に客をとらせるよ」。

「必ず返します」。五十両を懐に長兵衛は夜の吾妻橋にかかる。と、身投げを図る若者がいる。近江屋の手代文七といい、掛け取りの帰り、五十両掏《す》られた。主人へのお詫びに死ぬほかないと、何度も飛び降りようとする。何度止めても死のうとする文七に、長兵衛は五十両を投げつけて行ってしまう。

「いいよ、持ってけよ。こんちくしょう。いいよ。俺死なねえもん。俺ぁ、死なねえよ。かかあだって生きてるよ。きっと娘だって……、女郎になって生きていくんだろな、女郎になったって、死なねえよ、あいつは。てめえは死ぬんだろ、死ぬのはいけねえんだよ。わかんねえのか、この馬鹿野郎」

局面は急転して大団円へ向かうのだが、『落語の国の精神分析』という近来稀な面白い落語論を著した精神分析医藤山直樹に言わせれば、長兵衛の行動は「無私」、乳児に対する母親と同じである。

「単に自己犠牲をして、他人に奉仕するということが無私であるということではない。そのふるまいが自発的であり、自然であり、他者からどうみられるかなどまったく考慮していない。意図的なはからいが欠落している」

長兵衛には「欲」がないのだ。

この噺は江戸っ子の心意気というものを薩長の田舎っぺえに教えてやろうと三遊亭圓朝が作ったとされる。人情噺だからオチはない。

借金のことで虚言を弄していた欲深い知事は、不始末に自らオチをつけざるを得なかった。そういや百姓弥作ですら、申し訳に腹を切ったのであった。

●『我、拗ね者として生涯を閉ず』（本田靖春著、講談社、二〇〇五年）▽『落語の国の精神分析』（藤山直樹著、みすず書房、二〇一二年）

品川正治の憲法墨守

アベノミクスなどという怪しげなお囃子に浮かれて踊らされるのは勝手だが、何かゆゆしいことが進行していると見て間違いない。

〈髭のないヒトラー顔に見えてきてわれ等は多分ナチス党員　杉森日出夫〉とか〈例外に例外重ね気がつけば戦争放棄を放棄する朝　水辺あお〉という歌を新聞歌壇に見る。不気味さを感じている人が少なからずいるということだ。

秘密保護法の強行採決に身構えざるを得ず、集団的自衛権の憲法解釈変更、さらに憲法改定と、アベノポリティクスの向かうところを予知すれば、そうそうぼんやりとしてもいられまい。

八年前、小泉純一郎の後を襲い五十二歳で宰相の座に就いたときの安倍晋三は、若気の至りか「美しい国」を惹句にはしゃぎ過ぎて転んだが、再登板後は実に慎重で、余計な装いは施さない。陰に軍師でもいるのか、「勇ましい国」を目指して着々と手を打っている。

六〇年安保を強行採決し、反対運動に対し自衛隊出動を図った岸信介の孫で、その祖父を尊敬してやまない安倍が「平和国家日本」を護持するわけがない。国の形を変え、「戦後日本」に終止符を打とうとする意図は明らかだ。

これに抗するように、「戦争を体験した者にとって――それも最前線での死闘を体験した者にとって、『戦後』が終わることはない」と断言するのは、品川正治である。

一九二四年生まれ、日本火災海上保険（現日本興亜損害保険）の社長、会長。経済同友会専務理事から終身幹事。財界にあって「憲法九条を守り、日本の平和、世界の平和の先頭に立て」と同胞を鼓舞し続けた人物である。

戦争体験と言っても、司令官や参謀の多くは弾も飛んでこない後方にいた。若い将校で貴族のような生活に恵まれて終戦まで過ごしたのもいる。最前線の兵隊は雨霰と弾丸飛び交う戦場で生死の境目をやっとしのぎ、戦友を亡くし、自らはけがを負い、生き残っても心の傷を抱えていない者はいない。

いわんや戦後生まれで、実戦には無知、靖国へ行くことが戦死者を悼むことだと言いたがる手合いに対して、品川がどんな思いを抱いたかは容易に察せられる。

神戸の裕福な家の生まれ。秀才だった。京都の三高に入って全校生徒総代。三高という学校には戦時も自由な空気が残っていて、「米機を撃つ前に英機（首相兼陸相東條英機）をおとせ」というビラを貼る生徒がいたり、軍事教練での言動に憤慨して配属将校を殴打した生徒がいたりしたと伝えられる。

ここで事件が起きた。

四四年二月、京都師団長の前で軍人勅諭を暗誦してみせる行事で、挙手して立った生徒が「我国の軍隊は世々天皇の統率し給う所にぞある」が正文のところを、「我国の天皇は世々軍隊の統率し給う所にぞある」と誦んじ、「違いますか？……天皇に名を借りて軍は一体この国をどこへ連れて行こうとしているのですか」と言ったのだ。

さあ、三高が潰されかねない事態になった。このとき独断で品川は「生徒総代」として責任を取る、と口にし、「直ちに退学し、一兵卒として志願し、最前線へ送ってもらいたい」との嘆願書を軍に出す。

召集された品川陸軍歩兵二等兵は大陸へ送られた。擲弾筒班に配属され、白兵戦で生きるか死ぬか紙一重の戦場体験をくぐった。

敗戦を知り、品川は心に決めた。

「日本は二度と戦争はしない、未来永劫、戦争はしない、二度と他国に兵は出さない」

復員船で山口・仙崎に帰ってきた四六年四月、船中に差し入れられたよれよれの新聞を広げる。日本国憲法草案が載っていた。みんなに聞こえるように読み上げ、第九条の「戦争放棄」にきた。兵隊全員が声を上げて泣き出したのだった。

そして品川の「戦後」が始まる。

焼夷弾の直撃を受けた婚約者の死を聞いた衝撃、父が進学手続きをしていた東大法学部への復学、人妻だった九歳年上の人との学生結婚、綱渡りにも似た一回の試験で卒業に必要な単位を取得するという離れ業……と、まるでドラマを見るような経緯を経て、品川は四九年、日本火災に入社した。

「戦争を人間の眼で見て許されないと断じた憲法九条を持つ国が、なぜ経済も人間の眼で見ないのかと思い続けてきた」

一に憲法九条墨守、二に労働運動尊重、三に対米従属反対——これを思考と行動の原理原則とし、目標は、国民を戦争の泥沼に引き込んだ大日本帝国ではない、「もう一つの日本」の樹立である。

息子の生誕が朝鮮戦争に重なった。「憲法九条の有難さ」をしみじみ思った父は、子を抱いて「九条」を念仏のように唱え、母は「九条」を子守唄にして歌った。

だが「もう一つの日本」は見えてこない。逆コースをたどり、元へ戻る恐れすら感じられた。「この国は変われない。戦争で戦死した仲間に、生きて帰った僕は申し開きができない。中国をはじめアジアの人たちに対する罪の償いようもない」

嘆息する夫に、妻は「一から出直そう」と言った。「考えるだけで世の中を変えられるかしら。労働運動に全力投球してみたら」。

夫婦して関西労働学校に学んだのち、品川は組合運動に従い、安保を闘う。労組役員のころから「損保は全産業のブレーキ役を果たさなければならない。それが社会的役割だ」との考えを持ち、経営側に転じてからも姿勢は不変だった。

米国一辺倒にも異を唱えた。どだい日本と米国が「価値観を共有する」わけがない。日本を「九条の国」でなく「日米安保の国」から「日米同盟の国」にしようとする動きに反対し、対米従属を支えるマスコミを痛烈に批判した。

晩年、著書を何冊か出し、さらに自伝『戦後歴程』を書いた。

「戦争を起こすのも人間、それを許さず、止めることが出来るのも人間、お前はどっちだ」

不戦を誓った憲法の旗竿を離すな——それを遺言として品川は昨年八月、八十九歳で死去した。財界にこういう人がいたのだということに驚嘆した。

●『戦後歴程——平和憲法を持つ国の経済人として』（品川正治著、岩波書店、二〇一三年）▽『手記　反戦への道』（同、新日本出版社、一〇年）▽『9条がつくる脱アメリカ型国家——財界リーダーの提言』（同、青灯社、〇六年）

偽ベートーベンと記者

不二家、ミートホープ、白い恋人、赤福、船場吉兆、マクドナルド……と一瞥して、ああ么のことかと分かる人は、まだ認知症を懸念せずとも心配ない。

七年前、世上を賑わした偽装騒動の火元である。材料をごまかしたり、産地を偽ったり、賞味期限を貼り直したり。商売に正直は無用のいんちき商法だった。清水寺の坊さんが揮毫する「今年の漢字」はその年、「偽」であった。

花が咲くのに似て年年歳歳人のすることは同じで、去年も高級ホテルのレストランや有名百貨店で偽装表示の発覚が相次いだ。

かつてアメリカに戦を仕掛け、三百十万人の国民を死に至らしめたときも、負けたのに「勝った」「勝った」と大本営は虚偽の発表を繰り返し、退却を転進、全滅を玉砕と言い換えた。「偽の国」に敗戦はなく終戦と称した。

「全聾の作曲家」に代作者がいたという騒ぎも、この国では驚くべきことでないかも知れない。「全聾」で被爆二世の作曲家佐村河内守は、耳は聞こえないが絶対音感がある。「交響曲第一番ＨＩＲＯＳＨＩＭＡ」はことに有名で、作曲家三枝成彰らが高く評価し、大震災の被災地では「希望のシンフォニー」と呼ばれる。新聞、テレビ、雑誌は「現代のベートーベン」ともてはやした。

ところが新垣隆という人が現れ出て、「私が十八年にわたり作曲していた」「報酬は七百万円」「彼は耳が聞こえていた」と暴露したのである。元祖になり代わり〈俺のこと疑うなかれとベートーベン〉との川柳が新聞に出た。

作品が本当に素晴らしく、聴いて純粋に感動するのなら、作曲者が誰だろうが二の次である。しかし「全聾の被爆二世が作った」という解説なしには聴けない代物なら捨て去るよりあるまい。問題は、「物語」に飛びつき、拡散するのに躍起で、確かめる作業を怠ったマスコミにある。公共放送は「NHKスペシャル」を作り、新聞は美談を肥大させ、雑誌は特集を組んだ。「現代の天一坊」をただ褒めそやしたのである。

寡聞にして例外を一つしか知らない。『新潮45』昨年十一月号の「佐村河内守は本物か」という音楽家野口剛夫の呈した疑義である。いわく「物々しい紹介のされ方に驚きつつ、その音楽を聴いてみたら『本当なのかな』といぶかしい感じを持ってしまった」。

他は謝るほかない。例えば朝日新聞は「取材の過程で気づくことができませんでした」と「おわび」した。先に「ひと」欄でマスク男を大震災被災地に働く医師として美談に仕立てたら、これが偽医者だったという前科があるが、「気づくこと」は再びできなかったのだ。「天声人語」が「感動話に何かと弱いメディアの習性を自戒したい」などと訳知り顔に書いていたけれど、過ちは三度繰り返されるであろう。

どうしてもマスクを取らぬ男を疑わない記者とは愚鈍だが、それほど低劣でなくても、「絶対音感」だの「頭の中で音が鳴る」だの聞かされ、業界有名人の太鼓判を見せられれば手もなく信じる。

「真相を見抜く力」など持ち合わせていない。初見の交響曲を真っ当に評価できる音楽記者などいるのか。騙した男が悪いのか、騙された記者が悪いのか。詐欺事件では騙されたほうがばかと決まっている。

騙された一人が、違和感を覚えながらも「熱狂」の一翼を担ったと反省の弁を書いていた。「作品そのものへの評価を置き去りに」して、「多くの人々を傷つけた」とあったが、畢竟作品の評価をしなかった、あるいはできなかったということである。「物語」に踊り、「権威」の口真似をするオウム記者ばかりだったのである。

読者に伝えるに値することを書くのが記者の仕事だ。何が伝えるに値するのかは、記者が決めなければならない。自分の評価や判断なしに、ただデスクに命じられたまま他人の持ち上げるものを持ち上げるだけなら、記者稼業など生涯賭けるに値しない。幇間の見習い修業にでも転じたほうがいい。

黒岩比佐子を思い出す。フリーランスの記録文学者。二十世紀末に彗星のごとく現れ、半ば埋もれていた村井弦斎、国木田独歩、堺利彦らを掘り返して評伝を著し、惜しいことに五十二歳で逝った。

彼女の第一作が『音のない記憶』であった。副題が「ろうあの天才写真家井上孝治の生涯」。全聾で妻の名の「ミツエ」のほか数語しか発語できなかった男の清々しい人生を定着したものである。

一九一九年、福岡に生まれた井上は三歳のとき、二階の階段から転落し、耳が全く聞こえなくなった。聾学校に通う傍ら、趣味人だった父親からカメラを与えられ、それが彼の一生を決める。

写真屋を開く一方、カメラを手に外を歩き、人と街の情景を撮り続けた。「スナップショットの名人」で、写真コンテスト入選の常連であった。聾唖者のための運動にも働き、「全日本ろうあ写真連盟」の創立者でもあった。

その名が轟いたのは、八九年に福岡の百貨店岩田屋が企画したキャンペーン広告「想い出の街」に用いられた一連のモノクロ写真によってである。それは五〇～六〇年代を写して、「郷愁と詩情に溢れる」と称賛された。

このとき七十歳。そして個展開催、写真集出版、「パリ写真月間」出品、「アルル国際写真フェスティバル」招聘、「アルル名誉市民章」受章と続き、七十四歳で命終した。

生前のインタビューに不満足だった黒岩比佐子は、没後取材をやり直す。米軍占領下の沖縄で撮った写真も見出し、評伝を仕上げる。

初発の感動、緻密な取材、疑問の追究、納得いくまでの思考、抑制された筆法と、後の作品群に通じる作法が貫かれている。

「壁にぶつかっても、あきらめずに取材と調査を続ければ、必ず道は開ける」と、文庫版あとがきに自分を叱咤するように記す。「手を抜けばそれだけのものしか書けないことも痛感した。どこまでも謙虚に、慎重に、丁寧に――」。

「偽ベートーベン」に欺かれた記者たちは、謙虚でなく、慎重でなく、丁寧でなかったのである。

●『音のない記憶――ろうあの天才写真家井上孝治の生涯』（黒岩比佐子著、文藝春秋、一九九九年）＝『音のない記憶――ろうあの写真家井上孝治』と改題して文庫化（角川学芸出版、二〇〇九年）

三好達治没後五十年

季節ごとに三好達治を開くのがわが楽しみである。

二月は「雪」であった。

〈太郎を眠らせ、太郎の屋根に雪ふりつむ。／次郎を眠らせ、次郎の屋根に雪ふりつむ。〉

しんしんと更ける夜、音もなく降り積もる雪、藁葺き屋根が散開する集落、家々の中では……。

「民話的」と言う人がある。論者によって、太郎と次郎とは兄弟だ、いや別々の家の子供だ、と解釈の違いがあるらしい。詩歌の鑑賞というのは読む人の数だけある。

何が地球温暖化かと思うほど寒い日が続いた。

今年ほど遅々とした春の到来が待たれた年はない。

〈山なみ遠に春はきて／こぶしの花は天上に／雲はかなたにかへれども／かへるべしらに越ゆる路〉（「山なみとほに」）

小太刀使いの名人のごとき、この詩人の言葉遣いの冴えには、若年時より唸るほかはなかった。

〈海よ、僕らの使ふ文字では、お前の中に母がゐる。そして母よ、仏蘭西人の言葉では、あなたの中に海がある。〉（「郷愁」）

あえて蛇足ながら、日本語では「母」と「海」と書き、フランス語では「mère」と「mer」と書く。ただそれだけのことが、詩人の手になると見事な詩に形を変える。

これを「コロンブスのアメリカ発見にも劣らない大発見」と言ったのは堀口大學である。言葉の錬金術師がもう一人の錬金術師を発見したのである。「世界中の人間の使ふどの言葉も、三好君のこの三行より美しくは無い」。

詩人はしかし、巧みな詩作ぶりとは裏腹に、実人生上まことに不器用な男であったらしい。不器用とは純粋率直の謂である。

第三高等学校時代、倫理学の教授が授業中、諸君の中で気の向いた人があるなら、いつでも遊びにきたまえと言った。間髪を入れず三好は立ち上がり、「僕は決して行きません」と言った、との話がある。

同じころ三高にいた門田勲（のち朝日新聞記者）は「これだけ聞けば、ずいぶんべら棒な生徒のように思えるが、その教授を知る人間には、なるほどと微笑が浮かぶ」と言い、「三好にはすこぶるストイックなところがあった」と注釈している。分に過ぎたことをすることは自他ともに嫌がったというのである。

武骨なまでに不器用であったことは、有名になってから次々と舞い込んでくる校歌作詞の要請をことごとく断ったことでも分かる。

「自分は将来どんな不品行をするか分からない。そんなとき、自分の作った校歌が純真な学童に歌われるのは耐え難い」

三好は一九〇〇年生まれ。陸軍士官学校（三十四期）に入るが「軍人精神に欠くるところ」があって中退。受け直して三高から東京帝国大学文学部仏文科。三高で相知った梶井基次郎とは「莫逆の友」となる。東大の同級には小林秀雄、今日出海、淀野隆三らがいた。

三高時代、『月に吠える』『青猫』『蝶を夢む』を読んで心酔、萩原朔太郎の虜となり、師と仰いだ。「作品の魅力はその後三十余年にわたってかはるところがない」。

そして自ら詩作を手がける。第一詩集『測量船』が三十歳の十二月に出た。軍人のなりそこないが詩人になったのである。

〈あはれ花びらながれ／をみなごに花びらながれ〉（「甃のうへ」）

収める詩三十九篇、それは「悉く端数のない完璧の世界である」（丸山薫）と称賛をもって迎えられた。

その完璧な詩法、溢れる抒情、憂国の存念から「国民詩人」とまで称される存在になる。

「冬の日――慶州佛國寺畔にて」と題する詩がある。

わたしにはこれを憧憬し続けた時期があった。

〈ああ智慧は　かかる静かな冬の日に／それはふと思ひがけない時に来る／人影の絶えた境に／山林に／たとへばかかる精舎の庭に／前触れもなくそれが汝の前に来て／かかる時　ささやく言葉に信をおけ／「静かな眼　平和な心　その外に何の寶が世にあらう」〉

四〇年秋、朝鮮半島を旅した三好は、慶州佛國寺で啓示を受けたのだ。詩は翌年夏に発表された。太平洋戦争が始まっていた。

新羅一千年の都であった慶州の古寺の広い境内を、「冬の日」を誦しつつ歩いたことがある。ついにわたしには啓示は来なかったが、詩人に来た「智慧」もいち早く去ったとみえ、「静かな眼」や「平和な心」とは縁遠い生活に当面するのである。

戦時、三好は高村光太郎と並んで多くの戦意高揚詩を書いた。

〈捷報いたる／捷報いたる／冬まだき空玲瓏と／かげりなき大和島根に／捷報いたる／真珠湾頭に米艦くつがへり／馬来沖合に英艦覆滅せり〉（「捷報至る」）

戦後、若き吉本隆明によって、その認識もその文学方法も「ついにはあぶくにすぎない」と痛烈な批判を受ける。三好はこれを黙殺するが、死の間近に編纂された全詩集から戦争詩はばっさり除かれてあった。

絶対多数の国民とともに詩人は国家と軍部を信じたのである。さらに私生活でも不器用ぶりをさらした。四四年から四五年、越前三国での、師の妹アイとの同棲である。美貌のアイに三好はかねて恋心を抱いていて、アイが夫を亡くすや妻を離縁してまで求婚した。

しかし贅沢で物欲のみのアイとの陰惨な暮らしは破局に至らざるを得ない。経緯は萩原葉子『天上の花』に赤裸々である。男はまるで家庭内暴力の常習だった。

敗戦後、三好は天皇に退位を迫る文章を草した。

陸海軍の惨敗、降伏、夥しき犠牲。それを前に「陛下自らの発したまうべき何らかのお言葉、執らるべき何らかのご進退がまさにあって当然……」。

石川淳によれば「料簡はしつかりしてゐる。姿勢を正してしぼり出したような声」と聞こえた。しかし三好はそれを中断。時事から離れ、独居して、よく旅に出た。

六四年四月三日、狭心症の発作に苦痛を訴え、やがていびきを立て始める。五日朝、六十三歳の生涯を閉じた。外の桜が満開だった。

〈春の岬旅のをはりの鷗どり／浮きつつ遠くなりにけるかも〉（「春の岬」）

「最後の抒情詩人」が世を去って、ことし五十年になる。

●『定本三好達治全詩集』（三好達治著、筑摩書房、一九六二年）▽『三好達治詩集』（思潮社現代詩文庫、八九年）▽『天上の花——三好達治抄』（萩原葉子著、講談社文芸文庫、九六年）

核と生命は共存できぬ

大震災後、「想定外」という用語で政治と原子力ムラの無責任と怠慢を擁護し、隠蔽する輩が多い。

だが予言はあったのである。

一九三五年生まれの詩人羽生康二が「いちばんおそれているのは原発事故である」と詩誌『いのちの籠』（二〇一一年二月二十五日発行）に述べていた。それを詩人で女性史研究家堀場清子は読んでいた。

「日本には原子力発電所が五十以上ある。その中の一つでも大事故を起こしたら、日本の大部分が放射能汚染のために人が住めない土地になる。さらに心配なことに、日本は有数の地震国だ。万一どれかの原発の真下で大地震が起きたら、と考えるとぞっとする」

堀場は三〇年生まれ。共同通信に九年いた。著書に『青鞜の時代』『禁じられた原爆体験』。夫鹿野政直との共著『高群逸枝』がある。

羽生に共感したが、しかしわずか半月後の三月十一日、現実のことになるとは想像だにしなかった。もう少し先のことと勝手に思っていたのである。何たる愚かさ。堀場は出来した原発事故に怯えた。

「私は無力な老いた女にすぎない」と言う。「蟷螂の斧さえ、私は持ち合わせない。素手のみである」。ただし「十四歳で広島の被爆を視た。八十歳で福島の被曝を視た」。手に入る限りの情報を手に入れて、福島で何が起こっているのか、何が分かり、何が分からないのかを知るべく作業にかかる。

以後二年余、堀場は「原発と原爆」について知り得たことをもとに日々考えた。確信が一つ。それは「原爆と原発は、一筋に繋がる」ということだ。『鱗片――ヒロシマとフクシマと』は、その報告書である。「素手」で書かれた分厚い本を透かして、不動明王のごとく怒髪天を衝いた形相が現れる。

怒りは政治家、官僚、東電、そして連中の隠蔽体質を暴き切れないジャーナリストを直撃してやまない。

時の政権はメルトダウンを認めず、拡散放射能情報を出さず、国民を欺き、被災民を誤って誘導した。首相補佐官細野豪志はぬけぬけと「国民がパニックになることを懸念した」と言ったという。著者は憤慨する。「よくもそこまで、愚民扱いするものだ。一般国民は何も知らされないで、無防備のまま被曝すれば良いというのか」。

何事も隠蔽する政府と東電に迫るべきはジャーナリズムだ。「全メディアは総力を挙げて対処しているかに見えた。しかし私たちのいちばん痛切に知りたかったことは、まるで解らなかった」という体たらくに愕然とせざるを得ない。

「奔騰する情報の裏側へ、意図的に隠されている〈真実〉を、鮮やかに摘出して見せる技こそ、ジャーナリズムの意気でもあれば、使命でもあろうに、それを実行し得る力量の欠如を、無残なまでに曝け出す結果となった。その惨状は、テレビでもっとも甚だしく、新聞がそれに次ぎ、週刊誌が一番独自取材に奮闘した」

現場へ社員の記者を送らず、フリーランス頼りという日本の報道各社の現状には驚くほかない。外国の新聞、通信社記者が続々と被災地に入っていったというのに、日本の大勢の記者たちは「べんべんと政府・東電の『発表待ち』『取材許可待ち』の姿勢に終始し、一人の脱走者も出なかったとは、驚くべきことではないか」。

気懸かりなのは原発の再臨界であった。それがメディアでは不明だ。堀場は試行した。検索で知った東京都下水道局公表の「脱水汚泥から検出されたヨウ素131」の数値を表にしたのだ。すると事故後何カ月経ても高いときがある。「福島第一原発で、小臨界ないし中臨界が、断続して起きている証拠ではないか」——福島原発で核分裂が続いていているに違いない。

そもそもこの国の政治家や官僚には「国民を守る」という意識も気概もないと思い知る。地上の放射線量を表示した電子地図を米国側から提供されながら、政府はこれを住民避難に生かさなかった。公表していれば、避難者の被曝は防げた。だのに、「住民避難にいかすという発想がなかった」と、文部科学省科学技術・学術政策局次長の渡辺格は言ったという。

うめくがごとく堀場は記す。「そう語って、恬として恥じない官僚と称するものの在り方に、どう対抗すればよいのか。そんな種族を、『霞ヶ関』という支配機構から、一人残らず放逐したい」

住民を放射能から守りうるデータは存在した。しかし「誰ひとり、国民の〈いのち〉について、考えてもみなかった。彼らの視野から、国民は完全に消去されていた。現在もされていよう。ならば国民にとって、国とは何なのか?」。

この問いは今さらのものではない。先の戦争を想起してみるがいい。一年早く、半年早く、いや一月早く終結していれば、幾万幾十万の生命が助かったことか。「ピカ・ドン」もなかった。戦時、堀場は広島市近郊の祖父の病院に疎開していた。移送されてくる被爆者を世話した。地獄図が今も目にある。原発を考えることは原爆を考えることなのだ。

被爆の惨禍を世界に知らしめたのは、バーチェット記者の第一報だった。「被爆と被曝」の実相をたどると、「国の裏切り」が明らかになる。これが容赦できるか。

ほんの一例だが、原爆投下が「人類に対してなされた」と見られたくない米国は「残存放射能はない、被曝者は存在しない」との声明を出す。その根拠となる虚偽の報告書を、日本政府がGHQに渡していた。米国に追従する戦後日本の醜態の始まりである。

「『国』が、いかに冷酷に国民を切り捨てるか。『国』というものの本質を、肝に銘じさせる」

フクシマとヒロシマを重ね合わせれば、おのずから「真理」に至る。それは「核と生命は共存しえない」ということだ。「その国民的合意によって、脱原発を実現する以外に、私たちの社会が生きのびる道はない」のである。

フクシマから三年。いけしゃあしゃあと原発輸出を目論む安倍内閣はこの四月、「原発再稼働」を閣議決定した。不動明王の安らぐときは来そうにない。

●『鱗片——ヒロシマとフクシマと』（堀場清子著、ドメス出版、二〇一三年）

日本国憲法の文体

「集団的自衛権」行使に躍起な首相会見をテレビ中継で見た。

あちこちでチャンネルが切り換えられていることだろうと想像した。テレビの若い友人が、「集団的自衛権」と出ると視聴率が急落します、と言っていたのを思い出したのである。要するに視聴者大多数は無関心であるらしい。

大衆の関心事のみにかまけて人気取りに励むのではなく、不人気な事柄でもあえて政治の主題にするとは、安倍晋三という政治家は大宰相の器かも知れない。そう言ったらテレビマンが噴き出した。

大宰相にしては、やり方が姑息である。米国に求められるままに自衛隊を出したいのだが、憲法が壁になっている。戦後新憲法は米国からの押し付けであったことは間違いない。自主憲法を定めるべしという意見は当然あるだろう。世界情勢は変容する。時代に合わなくなったからと、改憲論が出てくるのも不思議ではない。

現行憲法の下では自衛隊の海外派兵はできないとは、歴代自民党政権も踏襲してきた憲法解釈であった。派兵するには改憲の手順が要る。小学生にも分かる理屈である。なのに解釈を変えて切り抜けようとする。ために従来の解釈を墨守してきた内閣法制局の長官人事をいじったり、「腹話術師のお人形」とみられる私的懇談会に意に添う報告を出させたりと、やることが小手先細工に過ぎる。

　憲法尊重の風にはとても見えない。その安倍が解釈変更の根拠に憲法を持ち出し、「憲法前文の趣旨を踏まえれば」と発語したのには失笑した。されば夫子のいう憲法前文の趣旨とは何ぞやと、すかさず記者はたださなければならないのに問わない。内閣記者会は総じて質問能力に欠ける記者の集まりらしい。

「憲法前文の趣旨」とは何か。

石川九楊の『書のスタイル　文のスタイル』は、甲骨文発生から王羲之の書革命を経た「漢字」文明圏である東アジアの広がりのなかに、万葉歌以来近代から現代の日本語文体の進化を一覧した著作だが、最進化した文体は日本国憲法だと言い切って斬新である。

石川は一九四五年生まれ、書家にして文明批評家。『中国書史』『日本書史』『近代書史』を完成させた。寡聞にしてわたしは、文体を以って憲法を擁護した人を知らない。

　無文字だった弧島の先祖が触れた文字は、大陸から入ってきた漢字である。おかげで中国語（漢詩・漢文）・漢語（漢字）の文体を持てた。それからカタカナでこれの翻訳文体を工夫し、万葉仮名を経て、ひらがなをつくった。それでわれわれは四季と性愛の表現を得手とする和語・和文の文体を手に入れることができた。近代以前、つごう「三つの文体」があった。

　維新後、西欧翻訳語の文体が入って「三・五文体」となる。さらに「西欧の文体の精髄を吸収し、四つの文体へと転移したのが、敗戦後の日本国憲法」と述べ、石川は憲法前文を例示する。

「日本国民は、正当に選挙された国会における代表者を通じて行動し、われらとわれらの子孫のために、諸国民との協和による成果と、わが国全土にわたつて自由のもたらす恵沢を確保し、政府の行為によつて再び戦争の惨禍が起ることのないやうにすることを決意し、ここに主権が国民に存することを宣言し、この憲法を確定する。そもそも国政は、国民の厳粛な信託によるものであつて、その権威は国民に由来し、その権力は国民の代表者がこれを行使し、その福利は国民がこれを享受する」

石川によれば、この憲法の凄味は傍点の箇所にある。

「ここには『政府が戦争の惨禍を引き起こした』『また再び戦争を起こしかねない』という驚くべき記述がある。政府は過ちを犯す。その誤りを克服するため、私たち国民にこそ主権があるのだという文体は、東アジアの文体にはないものである。そしてこの文体こそが西欧語の文体の根底に横たわっている核心部である」

文体とはスタイル、生き方のことである。ひらがなのスタイルと漢字のスタイルを使い分ける日本人は、ある時はひらがなで考え、ある時は漢字で考える。この日本語の特異な構造が、本音と建前からなる生き方の二重性となる。

日中戦争、太平洋戦争で日本は東アジア諸国に多大な迷惑をかけた。日本人も諸国民も深い傷を負った。それを総括したうえで日本国憲法が誕生した。日本国民はその基本的な考え方を受け入れたのだ、と石川は論じる。

「日本国憲法前文には、西欧のスタイル（文体）における最良の部分が盛り込まれた。日本語の歴史の中でその文体を最も輝かせたのは、他でもない、政府は戦争をひきおこす。再び戦争することのないように主権は国民にあることを宣言する――ということの文章である。憲法九条の条文よりも前文のこの民主制、民主主義宣言がはるかに素晴らしい」

交戦権を否認し、武力行使の「永久放棄」を定める第九条。これは「日本国が日本でなくなることをも視野に収めている」と解する。

政府は過ちを犯す。国民こそ主権者。大事なことはこの二点だ。われわれは「自国のことのみに専念せず、諸国民とともに歩む。そして戦争をする権利を放棄するから、日本はもはや国ではない」のであり、「そういう位置取りと覚悟をもって、世界史と世界のかたちを変えていく」と決意したのである。

改憲論者の「占領支配者が短期間で作成した奇体な憲法」とか「日本語の体を成していない」といった批判を石川も認める。しかし敗戦で日本人は初めて西欧のスタイルを受け入れ、「政府が悲惨な戦争に導いた」と判断し、「主権在民」を宣した憲法を持った。そのことは世界に誇るに足ると考える。

解釈を変えたいという首相が現れ、憲法は解体の危機にある。政府の言うことを信じて過酷な目に遭った歴史を忘れてはいけない。憲法前文によれば、主権者の意向に政府を従わせることが民主制のスタイルである。

●『書のスタイル　文のスタイル』（石川九楊著、筑摩選書、二〇一三年）

谷川雁の「下降人生」

谷川雁（一九二三～九五）という光が明滅した時代があった。

当人がその晩年、ことのほか愛着した宮沢賢治を模して言えば、それは「あらゆる透明な幽霊の複合体」の現象であった。

詩人、共産党員、工作者、炭鉱労働者の随伴者、教材会社の専務、労組弾圧者、子ども文化運動の指導者……と様々に顔を変えた。

そうしてそれは「風景やみんなといつしよに／せはしくせはしく明滅しながら／いかにもたしかにともりつづける／因果交流電燈の／ひとつの青い照明」（『春と修羅』の序）とも見えたのである。

秘術を尽くした暗喩に溢れる詩句と文章は「難解王」と称され、真に理解されたかどうかは怪しいが、戦後世代に影響を及ぼした思想家として吉本隆明とともに屈指の存在であった。両人については、「雁派」を自任して、幻の雁全集『無の造形』を単独編集した八木俊樹の名言がある。「吉本には、たくさんついとるが、優秀なのはおらん。雁につくのは数少ないけど、みな優秀や」

多勢に無勢で、吉本本は次々と出るが、雁本は数少ない。評伝の類いはほとんどない。わずかに没後二年の九七年に松本健一の『谷川雁　革命伝説――一度きりの夢』があるくらいなのだが、これがまた遺憾なことに、冒頭から誤謬だらけというひどい出来であった。雁が西日本新聞で「労組委員長」だったり（実は書記長）、同人だった詩誌『母音』の主宰者が「安西均」だったり（実は丸山豊）と、少し調べれば分かる事実さえ間違えている杜撰さに呆れ、ついには雁に「断絃のひびき」を聞くという感傷主義には辟易したものだ。

松本健一というのは、雁や吉本、あるいは竹内好、埴谷雄高、村上一郎、橋川文三たちの周りに出没しては聞き耳を立て、後年誰か死ぬと訳知り顔に証言者然と現れる。

薄っぺらさは目を覆うばかりで、出世作といわれた『北一輝論』にしても、資料の読みの浅さを、精密な『北一輝』の著者渡辺京二からつとに指摘され、またそのドストエフスキイ論は「もう一度自分の眼でドストエフスキイを読んでみたらどうか」と一蹴されている。

そんなのを「思想家」と奉るご意見拝聴記事が五月二十八日付朝日新聞オピニオン面に出たのには仰天した。民主党政権で松本は内閣官房参与だったが、一政府に雇われるような「思想家」がどこにいるか。「在野の立場で執筆」との紹介が泣く。雁が聞けば失笑して言うだろう。「お前が在野の思想家なら、蝶々蜻蛉も鳥のうち」。

話がそれた。雁の評伝の貧寒さについてだった。大きな理由は後半生が闇の中で不明だったからだ。だが没後十九年の今年、ここに、闇に照明を当てた『谷川雁――永久工作者の言霊』が刊行された。

著者の松本輝夫は四三年生まれ。東大在学時、筑豊に盤踞する雁に会いに行き、柳田國男と折口信夫が並ぶ書棚に打たれた。その縁で東京へ移った雁が経営陣にいた語学教材会社「テック」（のち「ラボ」）に入社。労組問題で対立し、やがて雁を追い出す側に立つが、敬愛の念は変わらず、「谷川雁研究会」を作って活動している。

「サークル村」の運動で音に聞こえた雁が、総資本と総労働が激突した筑豊で大正行動隊の軍師を務め、壊滅的な「しんがり戦」を戦ったあと行方をくらます。「東京へゆくな」とうたいながら自分は東京へ行き、語学教育事業に関わるのだが、表立った表現活動を絶ち、以後「沈黙の空白期」とされた。

しかし近接していた松本輝夫は「沈黙なんてとんでもない。四十代から五十代にかけての雁は、雄弁で、饒舌で、いつも豊饒な言葉の魔術師だった」と言い、東京時代の雁を躍動する文章で描いて見せる。

雁は実に潑剌と動いている。

主婦による「テューター」という名の教育者集団を全国的に組織し、「パーティ」に子どもを集めて、物語を教材に表現活動をさせ、「ことばの世界」に引き込んだ。「ことばがこどもの未来をつくる」を合い言葉とした。

物語を、雁は幾つも作った。

「人間とは、物語によって生まれ、物語によって育ち、物語を背負い、物語として完結する存在」と言い、「失敗と成功を含めて、いろんな経験をした世代が、新しい世代に対する、やわらかい、しかし非常に真剣な願いを込めて、何百世代、何百万人という人間の心のなかを通して作り出していったものが物語の世界」と語った。

とりわけ『古事記』を再話した「国生み」は、傑作中の傑作である。

「がらんどうがあった。／大地は、まだなかった。／がらんどうしかないけれど、まんなかはあった。／そのまんなかを見あげると、高いなあという感じがあった。／とといものがあるぞという感じだった。……」

かつて「集団創造」の可能性を「サークル村」に求めた雁は、今度は物語を子どもが「集団表現」する試みに挑んだ。しかし経営者失格で、余儀なく追放される。

信州黒姫へ移住。「ひとさし舞わずばなるまいて」と、賢治を基軸に「ものがたり文化の会」を始め、執筆活動を再開するが、明滅する時間に限りが来ていた。

雁の、よく通る声が蘇る。

「世界の映像を裏返さないかぎり永久に現実を裏返すことはできない。イメージからさきに変れ！」

松本輝夫は、大震災と原発事故に遭遇した今こそ、雁の言葉を日本中にこだまさせたいと願う。敗戦後の難しい状況に、雁は真正面から向き合い、現状打破を試みる「革命家」であった。その思想と実践から「知恵と手がかりと励まし」を得ることができるだろう。

「『段々降りてゆく』よりほかないのだ。……下部へ、下部へ、根へ、根へ……そこに万有の母がある。存在の原点がある。初発のエネルギーがある」（「原点が存在する」）

雁は敬服する柳田國男の生涯を「あざやかな精神下降の軌跡」と称えた。韜晦趣味があって、雁は自分で自分を伝説化したから、多くの謎と矛盾が残された。虚実の山に分け入り、雁もまた「精神下降の人生」と結語した著者の奮闘努力を多とする。

●『谷川雁——永久工作者の言霊』（松本輝夫著、平凡社新書、二〇一四年）

「堪へ難キヲ堪へ……」

「花子とアン」が好調という。「朝の連続ドラマ評論家」としては一言触れずばなるまい。

今回の主人公は、鈍感で無責任、他人にはどうでもいいようなことに固執し続けるという性格を付与されているのが特徴だ。

まず自分の名前が「はな」なのが不満だ。「花子」でないといけない。「子をつけて呼べ」と誰にでも迫る執着が異常である。「パルピテーション（ときめき）」にもこだわる。結婚相手にはそれを感じなければならない。好青年である大地主の倅に見初められるが、返事をしない。彼が理由を聞く。すると花子は「今はパルピテーションがない。時間が経てば生まれるかも知れないから、それまで待って欲しい」と言うのだ。待っていればパルピテーションが訪れると思っているらしい。この鈍感さに呆れて、彼のほうから去って行った。

仕事もいい加減である。担当の校正作業の途中で寝込んでしまい、朝が来て大騒ぎになる。同僚の助けで事なきを得たものの、職業人としては無責任この上もない。

おはなはんやおしんや糸子や、連ドラはいろんな女性像を並べてきたが、鈍感、無責任、執着ぶりにおいて、花子は特筆されよう。

ヒロインの性格は違おうと、朝の連ドラには一貫した意味がある。関東大震災と昭和の戦争を蘇らせることである。近代の「女の一生」を描く以上、「国民的体験」は落とせない。彼女たちは関東大震災と米軍による大空襲をくぐって戦後へと生き延びた。これはＮＨＫによる国民教育である。大地震の国民的記憶は東日本大震災で戻ったが、戦後六十九年、戦争の記憶のほうはほぼ消失し、今や小手先で憲法解釈を変えてまで自衛隊の海外派兵を目論む政権が現れた。連ドラの意義が減ずることはない。

空爆に逃げ惑ったあと、八月十五日が来る。やがて花子もそうだろうが、正午、ラジオで聞くのが玉音放送である。

「堪え難きを耐え、忍び難きを忍び……」。日本人大衆が初めて耳にした昭和天皇の声であった。玉音とは天皇の声。龍顔とは天皇の顔。皮肉屋で聞こえた門田勲が「いまの子供は『龍顔』などという言葉は識らない。オバケの顔だろうぐらいに思うかもしれない」と書いたが、これはむろん戦後久しくなってからのことだ。

玉音に日々接している面々がいた。最高指導層である。彼らが関わって「終戦の詔書」が成立し、玉音放送された。雑音も甚だしくて、「堪へ難キヲ……」以外は話題になることもない「詔書」全文に、実は戦争終結に際して天皇の戦争責任を回避する意思と戦後に天皇制を継続させようとする意志が巧みに塗り込まれていたのである。

そのように読解した書がひと昔前の夏に出た。日本近代文学研究家小森陽一による『天皇の玉音放送』である。「戦後体制」を「戦前体制」に転換したいとする政権下、この本は今また広く読まれていい。

「終戦の詔書」で天皇が「終戦」したいと言うのは「交戦已ニ四歳ヲ閲シ」たものの「戦局必スシモ好転セス」の「米英二国ニ宣戦セル」戦争に限られる。つまり中国との戦争は除外してある。触れると、陸海二軍を統帥する大元帥天皇の責任が浮上せざるを得ないからだ。詔書とは「昭和天皇ヒロヒトとその側近によって行われた歴史改竄の全体像」なのである。

対米英戦争は「自存ト東亜ノ安定トヲ庶幾」したのであり、「他国ノ主権ヲ排シ領土ヲ侵スカ如キハ固ヨリ朕カ志ニアラス」と言い訳することで、一連の侵略戦争などなかったかのように装った。

内に対しても取り繕った。原案に「戦勢日に非なり」とあったのが、阿南惟幾陸相が「このような文では、これまでの大本営発表が偽りであったことになる」と反対し、「戦局必ずしも好転せず」と改められた。土壇場まで「大本営発表的嘘」がまかり通ったのだ。

驚くべきことは、原案に「神器を奉じて爾臣民と共にあり」とあったくだりが「朕ハ茲ニ国体ヲ護持シ得テ忠良ナル爾臣民ノ赤誠ニ信倚シ常ニ爾臣民ト共ニ在リ」となった経緯である。「神器などと書くと占領軍が神器の詮索をするかも知れない」と石黒忠篤農相が言い出し、「神器」を削除する、しないで論議が続いた。国家存亡の危機にしてこのざまであった。

「神器」とは「国体」の象徴である。何しろ天皇の最大の心配事は我が身と「神器」の安全だったというのだ。

伊勢神宮にまつってある「八咫鏡」と熱田神宮の「草薙剣」、それに行方不明の「八尺瓊勾玉」を「三種の神器」というが、一九四五年七月下旬、伊勢神宮が空爆されたとき、天皇は「神器は大丈夫か」とひどく気にした。移転の方策を内大臣に相談したりしている。

日本に無条件降伏を求めるポツダム宣言が発せられたのは七月二十六日。外へはそれを黙殺し、内で「神器」のことに腐心しているうちに、「受諾拒否」を理由として原爆投下とソ連参戦が連続した。広島、長崎、旧満州、シベリアで無念の死を死ぬほかなかった人々は天皇と側近を恨んでいい。

結局、降伏へと向かう過程で、ここに「聖断神話」が生まれる。

御前会議は三対三に割れて結論が出ない。天皇が涙を流しながら、降伏を決断したというのだ。しかしそもそも、大元帥天皇が決めた戦争の終結を臣の側から口にすることはできない。それが「天皇制の構造のあらわれ」なのである。

「聖断」した天皇は眼鏡を拭い、重臣も泣いた。だが「臣たちの涙は天皇に向って、ヒロヒトの涙は『皇祖皇宗』に向って」流されたのであって、「この男たちの意識の中に、東京大空襲、沖縄戦、広島、長崎における死者への思いは一切な」く、天皇の頭には、「三種の神器」を保全して「国体護持」するという神話的妄想しかなかったのである。

天皇は我が身の延命と国体護持のため、自らマイクの前に立つ。

按ずるに、執着と鈍感さ、責任感の欠如は生命力の別名であろうか。したたかに天皇ヒロヒトは戦後も生き抜く。そして死に至るまで、「戦争責任」を公的に口にすることはなかった。

●『天皇の玉音放送』（小森陽一著、五月書房、二〇〇三年）

アベノヒュブリス

首相の会話能力を怪しむ。

新聞の「首相動静」によると、安倍晋三は毎晩のように内外各界の誰かしらとの会食に御精励のようだが、はたして実りある会話ができているのであろうか。

記者会見では常に、発表したいことを一方的にまくし立てるだけで、質問にまともに答えることがない。「ぶらさがり」（とはいやな表現だ）の取材記者に早口で何か言うと、さっと踝を返して、問いかけに応じようとしない。

記者風情と話をするのがお嫌いらしい。好き嫌いが激しそうである。他者と会話をするのがどだい不得手なのかも知れない。会社勤めを少ししたあとは政治家の父親の秘書になって世襲しただけだから、狭くて特殊な政界のことを知るのみであろう。ひと昔前「お友達内閣」と揶揄された第一次政権が挫折したのも当然で、今回はその反省に立っていると見えるが、政治家に必要な、意見は違っても他人の言を聞き、逆に話すべきことは話すという構えに欠ける。

争われぬ地《じ》が長崎で出た。

八月九日、首相は被爆者団体代表と会見。毎日新聞によれば、長崎原爆遺族会会長の正林克記が「平和憲法こそが安全、安心、命、暮らしの要だ。政府の緊張緩和への確かな取り組みさえあれば、火に油を注ぐような集団的自衛権はいらない」と言ったのに対し、安倍は「外交努力を積み重ねながら、さまざまな課題を解決するのが基本的姿勢だ。武力行使を目的とした戦闘行為には参加しない。（集団的自衛権は）限定的な行使にとどまる」と答えたとある。

判で押したような言い草はいかにも安倍流の紋切り型で、会見後はさらに安倍流だった。朝日新聞によれば、被爆者が「納得してませんよ」と声をかけた。すると安倍は「『見解の相違です』と表情を変えずに言い、会場を後にした」というのである。見解が違えば問答無用と切り捨てたに等しい。

権力者の言葉尻を捕えるのは新聞記者の大事な仕事である。毎日新聞の与良正男が、さっそくコラムに取り上げ、安倍発言を「捨てゼリフ」と形容し、「そもそも首相は『国民に丁寧に説明する』と言いながら、集団的自衛権の行使に反対する人たちは、自分と違う『左翼的』な人たちであり、『何を言っても無駄だ』とはなから決めつけている節がある」と難じた。「意見の違いをお互い認めたうえで懸命に合意を形成していくのが民主政治ではないのか」と民主政のイロハを説いていたが、残念ながら馬の耳に念仏と思われる。

国会中継を見ても、反対議員に対して突き放す答弁をする。首相が「丁寧な説明」をする場面はついぞない。楯突く者に傾ける耳は持ち合わせていないのである。

こういうのをギリシャ語で「ヒュブリス」という。傲岸不遜の意である。野田良之の遺稿集『栄誉考』で知った。野田は一九一二年、クリスチャンの家に生まれ育ち、比較法学者になった。東京大学と学習院大学の教授をつとめ千葉の柏に隠棲。静かな智慧にあふれ、鋭い皮肉に満ちた文章を幾編か書き残し、一九八五年忽然と去った。

古代ギリシャ法思想史を勉強していて、ドイツの法哲学者ヴォルフによる「ヒュブリス」の定義に出会う。「ヒュブリス、すなわち無限度、思い上り、は『傲慢』の単なる『比喩』ではなく、ものを歪曲し、本質を破壊する力である」「神々への不服従へ、あるいは運命の諸力の無視へと導くのはヒュブリスである。ヒュブリスは人間を独善へ、自己英雄視へ、そして遂には自己神格化へと誘う」。

それは「最大の悪徳」であった。反対概念は「ディケエ」で、「裁判」を意味し、やがて「正義」「権利」と訳されるが、もともとは「ある具体的状況下でその状況にふさわしいこと、その意味で正しいこと」である。つまり「神々は神々にふさわしくあること、人間は人間にふさわしくあることがディケエ」で、古代ギリシャ人はこれを最も重要な徳として尊重した。「ヒュブリスは過度な、従って暴力的な働きによって、ディケエの反対物として現れる。ヒュブリスはディケエが不断に闘わねばならない非本質的存在である」

ただし「ディケエ」に目印はない。人間はディケエに従って行動しているつもりで、実はヒュブリスに陥っていることがある。ギリシャでは詩人、賢人、哲学者の多くが、ヒュブリスに陥る危険について警告を発してきた。

ホオメエロスは『イリアス』と『オデュッセイア』で人間の傲慢をヒュブリスの語を以て描き、ヘシィオドスは『仕事と日々』で「適度を守ること、何事につけてもほどほどが最善である」と述べ、賢者ソロンの思想は「何事も度を過ごす勿れ」と要約される。

ディケエを守る者は「正しき人」と呼ばれ、ヒュブリスに陥った者は「不正な人」である。それが一人の人間に現れると悲劇になる。

ギリシャ悲劇の主題は「ヒュブリスとディケエとをめぐる葛藤」であり、詩人が鋭くとらえた「自らディケエのなかにありと自負している者がヒュブリスの故に実はその反対に陥っているという人間の悲劇的性格」への深い洞察、それが現代人の心を打つ。アイスキュロスでもソポクレスでも「ディケエの主張がヒュブリスに陥って身を滅ぼしてゆく」のである。

ヒュブリスは身を滅ぼすと古代ギリシャ人は恐れた。翻って今の日本は、野田の目に「一定限度以上のヒュブリスを備えていないと、頭角を現すことができなくなっているのではないか」と映じる。

「政界において、財界において、芸能界において、芸術や学問の世界においてすら、人々は何と平然として、ソロンが強く却けた支配欲―権勢欲、金銭欲、名声欲にうつつをぬかしていることか」

野田がこう書いたのは八四年のことである。三十年後、ついにこの国には被爆者の訴えを「見解の相違」と言い捨てて平然と立ち去る為政者が現れた。「アベノヒュブリス」は、状況に全くふさわしくない。こういう首相の会話能力を怪しむ所以である。

●『栄誉考――柏随想』（野田良之著、みすず書房、一九八六年）

朝日新聞の窮境

新聞はつねに「中間報告」でしかない。それは宿命である。

一九七〇年代、ウォーターゲート事件の調査報道を指揮してニクソン大統領を辞職のやむなきに至らしめた「ワシントン・ポスト」の編集主幹ベンジャミン・ブラッドリーの持論にいわく「日刊新聞は事実の決定的な解明を待つわけにはいかない」のである。

彼に会見したことのある立花隆によれば、ブラッドリーはこうも言っている。「新聞というのは、毎日、歴史のドラフト（第一稿）を書いているんだ」。

記事を書いて間違えることはある。しばしば、ある。間違えたら、訂正記事を出す。事と次第によっては、謝罪しなければならない。訂正と謝罪は、できれば避けたいところだけれど、これも新聞の宿命である。

過ちを犯し得るという自覚があれば、間違えたとき、速やかに対応できよう。それを自分は無謬だと思い込んでいたら、過つなど思いもよらない。しかるべき手を打つこともできず、時を逸してとんでもない事態に立ち至り、そのとき慌てても、もう手遅れになる。

この夏、朝日新聞に起きた自壊現象は、まさに自分が間違えると思わないという病のせいである。かつて手痛い体験を経た。病因はアロガンス、驕りであると、そのとき自認したはずだったのだ。

「われわれに驕りはなかったか」と自省の言が発せられたのは、八九年に起きたサンゴ事件のときであった。写真部員が沖縄のサンゴを自ら傷つけて写真に撮り、「サンゴ汚したK・Yってだれだ」と、告発調に報じたのが捏造と判明して、社長の一柳東一郎が辞任した。なぜ電撃的に辞任し、引責辞任すべきだった編集担当の専務中江利忠が知らぬ顔で後を襲ったのか、未だに訝しい。ためにあらぬ揣摩臆測を呼び、もっともらしい解釈が施されるのだが今は触れない。

このとき新しく編集担当に任じた佐伯晋は「ある種の驕り、高ぶりというか、英語でいえばアロガンスが、錆のように編集現場にひろがっていた」と指摘した。沖縄の現地から「サンゴの記事はおかしい」と通報してくれた電話に出た写真部のデスクが「うちに限ってそんなはずはない」と極めて不遜な応対をしたのであった。

佐伯は記者の意識変革を求め、「驕るなかれ」と繰り返した。「切り捨てご免をやめよ」「常に検証的な目を」「訂正記事は分かりやすく」「苦情はまず相手の言い分を聞け」「他社のことは言うまい」等々、さながら社内は「反アロガンス運動」の観を呈した。

しかし時が移ろい、代替わりし、「前代未聞の不祥事」とひたすら恐縮したサンゴ事件も風化を免れなかった。人は他人の経験からは学ばない。いやというほど自分で思い知ることがなければ、他人の痛みや悔しさや悲しみを受け継ぐということは難しい。アロガンスの錆は蔓延していたのである。

そう考えれば、「慰安婦強制連行虚報の放置」「福島原発事故吉田調書の誤報」「池上コラム不掲載」と連続した大失態は起こるべくして起きたのだと肯える。遅かれ早かれ、朝日は自滅的状況に立ち至ったであろう。サンゴ事件直後、言葉遣いひとつにも気を配った広報の電話対応が近年またつっけんどんになっている、どうしてああ横柄なのかという苦言を一再ならず聞いた。一事が万事だ。アロガンスという業病の再発は編集現場でも例外ではなかった。

「新聞記者は歴史の第一稿を書く」と言うブラッドリーは、時とともに第一稿には修正が必要なこともあると知っている。だから「私は新聞が過ちを犯すということを決して恐れてはおりません。ただし新聞が過ちを犯した場合には、はっきりと過ちを犯したことを認めるべきです。新聞は過ちを犯します。そして犯した過ちは認めるべきです」と言うのである。

これが新聞人としての謙虚さである。今の朝日の編集幹部に一人でもこの姿勢を持して、直言する者がいたら大失態は避けられたかも知れない。識見に欠け、上の鼻息を窺うばかりで、ヒラメだのポチだのと渾名される手合いが取り立てられ、編集権を担う位置に配されていたことが不幸であった。

人間、非を認めて謝るときは、正座して頭を下げなければならない。八月五日付の慰安婦強制連行虚報に関する特集を「潔かった」と書いた他紙の記者がいたが、あれは武士の情けだったろう。実は随所に開き直りが透けて見える傲岸な文書であった。「十六本の記事を取り消します」と言いながら、その具体的な列挙がない。読者に縮刷版で探せとでも言うのか。

虚報だったら、社内処分は必至である。五〇年九月に起きた「伊藤律架空会見記」の場合、捏造と分かるや、記事取り消しを社告するとともに筆者の神戸支局員長岡宏を退社処分（懲戒免職）とし、大阪編集局長の岡一郎以下多数の役職者を迅速に懲戒処分した。

しかるに今回、十六本もの記事を取り消しながら、第一報を書いた記者をはじめ処断していない。退職者だろうと問うべき責任は問わなければ示しがつかないではないか。

社長の木村伊量は吉田調書公表の日に記者会見し、あたかも「吉田調書誤報」が主題のように振る舞い、翌日一面の「お詫び」でも、調書誤報と慰安婦虚報について弁明した。だが木村がまず釈明すべきなのは「池上コラム不掲載」のことだった。質問されて「判断を下に委ねた」と答えたが、これは通らぬ。下は社長の顔色を窺うのには長けても判断力はなく、ただ意向を「忖度」しただけなのである。

「私は君の意見に賛成しない。しかし君がそれを言う権利は命を賭けても守る」（ヴォルテール）

この文言は、いやしくとも言論界に身を投じた者にとって、命と同じく守るべき信条ではなかったか。

「池上コラム不掲載」の時点で、言論の自由を語る資格を失った朝日新聞は、創刊以来の危機にある。

言論人の初心なく、今日の窮境に陥らしめた社長以下全役員、局長は総退陣して出直せ。朝日にいた者としてそう考える。

●『アメリカジャーナリズム報告』（立花隆著、文春文庫、一九八四年）▽『誤報』（後藤文康著、岩波新書、九六年）

アベノミクスの虚妄

経済のことは分からない。分かりたくもないのである。株価や為替変動のからくりも知らない。知りたくもないのである。人生は短く、為すべきことは他にある。それぞれその道の玄人に任せておけばいいと思ってやってきた。

「経済のことは、この池田にお任せください」と濁声で話す首相がいた。池田勇人である。欧州へ行きどこかの大統領に「トランジスターの商人か」と陰口を叩かれたというがなかなかの政治家だった。乱暴な言動もあったけれど正直の裏返しで、風貌に似ず、「寛容と忍耐」を標榜し、料亭に行かず、ゴルフをやらず、「低姿勢」を守った。後を襲った佐藤栄作の腹黒そうな顔つきより好ましかった。佐藤とは御免蒙るが、池田となら酒を呑めただろう。

六〇年安保を強行した岸信介の後を受けた池田の一枚看板は「所得倍増」だった。十年間に月給を倍にするというのだ。「私は嘘は申しません」は流行語になった。

朝日新聞で政治部の駆け出しだった石川真澄が突っ掛かった。

「月給二倍論なんておっしゃいますがね、ぼくら、ベアはあったけど、物価は上がるし税金は増えるしで、実質なんにも増えちゃいません」

池田は石川を見つめて、「君の前年の所得と税金はいくらいくらくらいだろう」と言った。「今年はこのくらい上がったに違いない。物価上昇率が政府見通しを少々上回っても、君の実質所得は十年で倍以上になる」。

諄々と説く池田の「熱意と自信」に打たれたと、石川は懐かしがる。

池田後五十年、岸の孫で、佐藤を大叔父とする安倍晋三が首相の座にある。標語が「アベノミクス」。アメリカで俳優上がりの大統領が掲げた「レーガノミクス」を真似たものに違いない。いかにも胡散臭さがつきまとう呼称ではないか。

いずれ掛け声みたいなもので、政権とともに消えるであろうが、胡乱な言葉がはびこるのは苦痛なことだ。アベノミクスとはいったい何であるか。遅ればせながら少し調べた。マーク・トウェインいわく「経済学はすべての健全な政体の基礎である」。

経済不知とはいえ、明快な伊東光晴の説がいちばん腹に落ちた。

柔軟な思考で知られる理論経済学者である。千葉大、京都大の教授を歴任。二〇一二年、心筋梗塞で倒れた。死の淵から戻り、リハビリの身で「警鐘の書」を著した。「執筆も思うようにいかない日」が続き、口述速記の文章が三章ある。ことし八十七歳の学者が命を削るようにして書いた動機は、安倍政権への根源的な批判と不信、そして怒りだと思われる。

伊東によれば、アベノミクスはレーガノミクスと同じく、「実証に欠け、無理論の上に立つ」。安倍はいかにもアベノミクスが効果をあげ、長かった不況から回復していると称しているが、そういう事実はない。「おまじない」に過ぎないアベノミクスとは関係なく日本経済は進行しており、安倍の手前味噌は羊頭狗肉であると断じ切る。

第一の矢（金融緩和）に第二の矢（公共投資増強）、そして第三の矢（成長戦略）で「三本の矢」などと、毛利元就もどきのことをやたら宣伝しているが、そのことごとくが虚妄であることを伊東は噛んで含めるように述べ来る。

第一の矢は無効である。

一三年春、日銀総裁の首をすげ替えて「大幅な通貨供給」を始めた。それが株高と物価上昇、円安を招いて、ひいては景気浮揚につながると、安倍は自画自賛するが、実は経済の変化はアベノミクス以前から生じており、大量通貨供給政策とは「何の関係もない」。要するに、首相も日銀総裁も「何もしていない」に等しいのである。いかにも有効であるかのごとく持ち上げる論者もいるが、いつの世にも御用学者や御用記者はいる。

第二の矢は働いていない。

これは「国土強靱化政策」とも呼ばれ、「南海トラフ地震」と「首都直下型地震」に対処して十年間に二百兆円を投じようというものである。つまりは「人からコンクリートへ」の自民党的公共投資大盤振る舞い宣言なのだが、この公共投資は不可能であり、「予算上実現されることはない」。

第三の矢は鏑矢《かぶらや》である。

安倍は「十五年間続いた不況」を言う。しかし九〇年代の不況は〇二年から上昇に転じ、リーマン・ショックまで五年間は好況だった。一〇年以降は「長期的に緩やかな上昇過程」にある。「安倍の現状認識は誤り」であって、「不況と決めつけることによって、上昇過程を示しだした景気を自らの政策の成果とする、政治家のしたたかな心がうかがえる」のである。

「成長戦略」の中身である「日本産業再興プラン」は甚だ不明確で、「いつ実現できるかわからないプラン」が並んでいるだけ。音だけの「鏑矢」と見做す所以である。

火急なのは劇的に減少していく生産年齢人口問題だ。五〇年には現在の六割になる。消費市場も縮小する。成長志向などと言う暇があったら、為政者は今から対処政策を用意しなければならない。

ところが安倍は、ただ大量に貨幣を供給し、戦時経済で行われ、財政法で禁じられた国債の日銀引き受けをしているだけである。このままだと「赤字財政の持続と国債の一層の累積」が進む一方だ。

そして、安倍の真の目的は経済にあらず政治であり、「戦後レジームからの脱却」にある。それが「隠された」第四の矢だと伊東は喝破する。

戦争責任という考えがない。対中国侵略を反省しない。相手を知ろうとする努力に欠ける。目的のためには手段を選ばない。原発商人である——そういう首相が戦後理想主義を葬ろうとしている。

伊東は、戦時の空気と軍隊を知る。軍消滅の解放感を忘れない。日本国憲法に先見性と普遍の価値を見る。元A級戦犯容疑者で改憲に拘泥した岸信介を範とする安倍とその周辺に「戦前社会の、暗い、黒い影」を感じてならないという。

伊東はこの「極右政権」に不同意である。わたしはその伊東に全面的に同意する。

●『アベノミクス批判——四本の矢を折る』(伊東光晴著、岩波書店、二〇一四年)▽『人物戦後政治』(石川真澄著、同、一九九七年)

思想の自立のために

相撲取りと相撲解説者とは違う。

モーツァルトは一人、指揮者、演奏者はぼうふらのように現れる。

この夏去った木田元を新聞は「哲学者」と称したが、いささか異議がある。西田幾多郎の「西田哲学」のごとく木田に「木田哲学」というほどの仕事があったか。木田とはかつて朝日新聞の書評委員として同席した。気さくな人柄への好感は変わらない。しかしハイデガーやメルロ＝ポンティの紹介者、解釈者ではあったけれど、畢竟「哲学研究者」の域を出まい。

洋の東西を問わず、「学」を持ち込むだけで学者面できるのは、古来辺境にあって、輸入学問大事の島国ならではのことだ。「子のたまわく」を唱えていれば立派な儒学者という伝統のお国柄である。

「哲学者」の名に値する人物が幾人いたか。「思想朦朧家」は数知れずだが、「思想家」となると怪しい。どこかのへぼ新聞が松本健一にインタビューして「思想家」と冠していたのには失笑し、記者の媚び諂《へつら》いぶりに呆れていたら、他の新聞でもそうなっていた。これは当人がそのように要求し、新聞が迎合したからに違いない。

「哲学者」でも「思想家」でも、本人が「呼ばれたい」と言うのなら、そう呼んでやりゃいいじゃないかという考えもあろうが、自分の哲学を語るのと他人の哲学を借りて喋るのとでは大違いである。

プラトン、アリストテレス、マキャヴェリ、ホッブス、ロック、マディソン、ルソー、マルクス、フロイト……思想家が実際に何を言ったか、何を言おうとしていたかについて後進は様々に解釈し、議論してきた。今後も同様だろうが、マルクスとマルクス主義者とは分別されてしかるべきである。

米国の政治学者ハワード・ジンの姿勢は明瞭であった。

「私は政治思想を扱う。政治思想、つまり、人間の性質における暴力、現実主義と理想主義、もっともよい政府の型、あるいは政府などというものが存在すべきかどうか、国家に対する市民の義務、そして社会における富の妥当な分配といった問題が分析されると、われわれは政治理論または政治哲学の分野に踏み入ることになる」

しかし「議論」には関心がない。

「興味を引くのは、彼らの考えがわれわれの時代にも生きており、問題を明るみに出すのに用いられ得ると私に思えるときである」

そのときすべきことは、「これら偉大な理論家の解釈をすることではなく、自分で考えることだと、私は思う」と、主著『甦れ独立宣言』に述べている。

一九二二年ニューヨークに生まれ、造船労働者を経て空軍の爆撃機爆撃手。戦後は働きながらニューヨーク大学からコロンビア大学大学院に進んだ。ボストン大学の政治学教授などの傍ら、ベトナム反戦運動にも参加、『民衆のアメリカ史』や『反権力の世代』を著す。二〇一〇年死去。八十七歳。

一国をその国の支配的思想が支配する。時代をその時代の支配的思想が支配する。

「黒人は人間以下の存在だという、数世紀前に西洋の意識に入ってきた思想が、大西洋の奴隷貿易を可能にした」。そして四千万人が死んだ。「黒人、ユダヤ人、アラブ人、東洋系のどれにあてはめられようと、人種的劣等を信じる気持が、大量虐殺を引き起こした」。「『社会主義』には農場の集産主義化と異分子統制といった無慈悲な政策が必要なのだという、ソ連で唱道された思想が、無数の農民と多数の政治犯の死をもたらした」

今日も支配的思想と言えば――

いわく「現実的になりたまえ。これが物事のいまの状態なんだ。物事がどうあるべきかなどと考えても意味がない」

またいわく「ニュースを教えたり書いたり報告したりする人々は客観的でなくてはならない。自分の意見を前面に出してはならない」

さらにまたいわく「言論の自由は望ましい。しかしそれが国家の安全を脅かすなら望ましくない」

こういう「政治的現実主義」の源はマキャヴェリだ。その思想とは「価値ある目的があればどんな手段も正当づけられる」というものだ。五百年来、目的専一の「現実主義」が幅をきかせてきた。

「現実主義は人を引きつける」とジンは言っている。「いったん、自分の行為の基盤を現実に置くべきだという理にかなった考えを受け入れてしまえば、その現実が何であるかについての他人の解釈を、たいした疑問を持たずに受け入れる気になりやすいからである」

われわれは「他人の描く現実」に懐疑的にならなければならない。それが「自立した思考」であり、「重要な行為」なのである。

かくしてジンは、アメリカの成立から現代までを往還しつつ、アメリカにとって都合の悪いことも恥ずかしいことも隠さない、型破りのアメリカ史を書いた。それが『甦れ独立宣言』である。ケネディのキューバ危機にせよ、ニクソンのウォーターゲート事件にせよ、レーガンのイラン・コントラ事件にせよ、要するに政府は国民を欺く。嘘をつく。平気で誤魔化す。秘密主義である。繰り返される欺瞞と虚偽を、ジンは次々と告発し、そのつどアメリカの起源に立ち返って考える。

「法とは手段に過ぎない。政府は手段に過ぎない。『生命、自由、そして幸福の追求』――これらが目的なのだ」と言い、民主主義の理念を端的に表明した「独立宣言」を想起する。「如何なる形態の政府であれ、これらの目的を破壊するならば、それを修正し、または廃止し、新たな政府を設けることは人民の権利なのである」

ジンによる、これは「永久革命宣言」である。「自分で考えること」の大事さを説くこの本はふた昔前に出た。翻訳の一部に乱れがあるのが惜しまれるが、今も刺激的で、読む者をどこまでも鼓舞してやまない。

監修者の猿谷要があとがきに記している。「私がうっかり今まで受けいれてきた歴史の一ページ、一ページが、一体どんな意味をもったものであったのか、はっと目が覚めるほどの思いで悟らされることになった」。

●『甦れ独立宣言――アメリカ理想主義の検証』（ハワード・ジン著、飯野正子・高村宏子訳、人文書院、一九九三年）

2015年

新年会への客人たち

年ごとに、こちらよりあちらの方に知り合いが増えてくる。「新年は、死んだ人をしのぶためにある」と定めた中桐雅夫に倣い、例年あの世から友人知己を招いてわたしは新年会を開く。

中桐は未年だった。六十三歳で死んだが、生きていればことし九十六歳になる。「おなじ未年の友に」と題した詩を書いた。

「きみは日記を焼いたりしたことがあるかい／おれはあるんだよ、五十になった頃の秋だ／天城の尾根で三冊のノートを捨てた」

思い出したくもない過去は誰にもある。反対にいつまでも忘れられないことがあるだろう。

「『風立ちぬ、いざ生きめやも』／戦争前に覚えたこの言葉を戦争が叩き潰した／おない年に生まれて先に死んだやつの顔／悪を知らなかったあの顔が忘れられるものか／／生きてゆくとはそういうことだろうかねえ／おれがおりてきた薄の尾根道も長かったよ」

友に戦後はなかったのだ。

詩人は元旦から酒であった。

「心の優しいものが先に死ぬのはなぜか、／おのれだけが生き残っているのはなぜかと問うためだ、／でなければ、どうして朝から酒を飲んでいられる？」（「きのうはあすに」）

一九八〇年一月、六十歳のとき、同い年の黒田三郎を喪った。

「ひどい一週間だった、／きみが死んでからの一週間は／ろくに食事もせず、本を読まず、／酒びたりの朝晩だった。／／死んだと聞いた時、涙は出なかった、／ただ少し声がかすれた、／いろいろ考えてみたが、／きみの死にふさわしい形容詞は見つからぬ。／／静かに死んでいきたかったからか、／肉体の衰えを見せたくなかったからか、／きみは見舞いにいったおれに会わなかった、／きみの長い苦しみは終り、おれの苦しみが始まるのだ。／／死が二人を分かつ時まで、というがあれは嘘だ、／死は人と人とをいっそう近づける。」（「弔詩」）

幽明境を異にするというが、そのことを敢然と拒否するのは中桐のみでない。司馬遼太郎もまた、この世とあの世との間に境を設けない。

「近藤紘一君、生死というのは仮りの姿でしかありません。私は、死が、私どもと君を隔てたとは思っていません」

八六年一月、四十五歳で死んだ近藤を弔う。このとき司馬は六十二歳。取材でベトナムへ赴いた七三年、産経新聞サイゴン特派員だった近藤と相知って以来のつきあいであった。

「あの、フライパンの上に人間たちを載せたようなかりそめの国の中で、君が、ピアノ線のようにはりつめた緊張を持続しつつ、市場を歩き、戦場を歩き、いつも斧のように鋭い貌をしていたことを終生わすれることができません」

その稀有な精神に惹かれた。

「新聞記者がもつあのちっぽけな競争心や、おぞましい雷同性を、君はできるだけ少く持つようにつとめていました。雷同性にいたっては、天性これを持たなかったのではないかと思います。競争心、功名心、そして雷同性というこの卑しむべき三つの悪しき、そして必要とされる職業上の徳目を持たずして、しかも君は、記念碑的な、あるいは英雄的な記者として存在していました」

なぜに「斧のように鋭い貌」をしていたのかと考え、何とイエスにも比すべき「あふれるような愛」に思い至るのである。

「愛の尖端が斧の刃の形になっているのだ、と知ったとき、私には大きなよろこびでした。この世にこんな人がいたのだ、という、そういうよろこびでした」

司馬は産経の記者から作家に転じた。近藤は後輩に当たる。その惚れ込みようは尋常でなく、「私は、かつて、君と同じ会社にいたことを誇らしく思いました。君という存在によって、私は自分の過去の十三年間を名誉に思うようになったのです」とまで言うのである。

「たれを惜しむといっても、近藤紘一君、大きな才能を抱きながら、地を蹴って昇天してしまった君を惜しみます。才能とのかねあいにおいて、そんな贅沢な人は、私の生涯の中で、君以外にない」

年少の友の死はことに悲しい。

一説では紀元前四九〇年、孔門十哲の一人、顔淵夭折。孔子が最も信頼した弟子であった。「天、予を喪せり。天、予を喪せり」——天は私を破滅させた、と孔子は二度繰り返し、慟哭した。甚だしき痛惜のためとある。

惜別の表現は人によって違う。

五九年四月、永井荷風は自宅で一人絶命していた。七十九歳だった。六十歳の石川淳はこう書いた。

「一箇の老人が死んだ。通念上の詩人らしくもなく、小説家らしくもなく、一般に芸術的らしいと錯覚されるやうなすべての雰囲気を絶ちきつたところに、老人はただひとり、身辺に書きちらしの反故もとどめず、さういつても貯金通帳をこの世の一大事とにぎりしめて、深夜の古畳の上に血を吐いて死んでゐたといふ」

晩年の荷風を金輪際石川は認めない。

「おもへば、葛飾土産までの荷風散人であつた」。以後はない。「まれに書くところの文章はわたしの目をそむけさせた」と突き放す。

「小説と称する愚劣な断片、座談速記なんぞにあらはれる無意味な饒舌、すべて読むに堪へぬものの、聞くに値しないものであつた」

あなたは本も読まない、本を集めもしない、それで文章が書けるわけがない、貯金通帳を後生大事と持ち歩くだけの「小金持ち」に文学など無縁と、「敗荷落日」の痛罵は止まるところを知らない。

「当人の死体よりもさきに、精神は硬直したやうである」と断じ、「一箇の怠惰な老人の末路のごときには、わたしは一燈をささげるゆかりも無い」とにべもない。

だがこれは「年少のむかし好んで荷風文学を読んだおぼえがある」と告白する石川淳の逆説的な真情吐露、愛着表現だったと知れる。

かくてわが年明けの宴は、詩人、末年の友だち、作家、新聞記者に儒者も来て、嗚咽、慟哭、罵倒の声と賑やかなものになる。政治家を呼ぶことはない。

●『中桐雅夫全詩』（中桐雅夫著、思潮社、一九九〇年）▽『司馬遼太郎が考えたこと13』（司馬遼太郎著、新潮文庫、二〇〇五年）▽『論語』（吉川幸次郎著、朝日新聞社、一九六四年）▽『夷齋饒舌』（石川淳著、筑摩書房、一九六〇年）

忘れ難き人への挨拶

美術館の展覧会。

盛装の御婦人を学芸員がうやうやしく案内する。

「奥様、これはセザンヌでございます」「あーら、素晴らしいわ」「奥様、これはゴッホでございます」「あーら、素晴らしいわ」

奥様がふと立ち止まり、「あら、これはピカソね」。学芸員いわく「奥様、それは鏡でございます」。

――文珍の噺の枕に聞いた。

二〇一四年の二月、野見山暁治は東京で開いた個展で講演をし、「自作を語る」と題して質問に応じた。絵の見方が主題である。そのくだりが昨秋刊の『とこしえのお嬢さん』に収録されている。

「いつだったかテレビで、ピカソの大きな目玉が飛び出したような絵の前で、タレントさんが『素晴らしいですね』と言っている。あれはピカソだから素晴らしいと言っているだけで、もし隣の坊やが描いたものだったらまた違うでしょう。正直でなくちゃいけないと思う。自分にとって一文の価値もなければ、素晴らしいと言っちゃいけない」。

野見山は一九二〇年、福岡の生まれ、ことし九十五歳。東京美術学校（現芸大）油画科を出てフランスに留学し、母校の教授も務め、文化功労者でもある。それと分かる絵も描くが、見て分からない絵も描く。「思うように思ってくれればいい」とさっぱりしたものだ。

「美術館で解説を耳にあてて聴いている人がいますけれど、あんなのは嘘っぱち」と一刀両断したのに我が意を得た。「もしセザンヌの絵がつまらないと思えば、つまらないで結構なんです。どうもみんな、自分の眼で見ない習慣がついて、誰かに頼って『ああそうか』と感心している」。知ったかぶりの俗物に惑わされるなかれ、己の感覚と判断にのみ正直であれ――老人の訓戒というよりも、こいつは野見山生来の気質なのである。

幼稚園でみんなそろって歌をうたわせられたり、歌にあわせて手や足を同じように振ったりするのが何とも苦行であったらしい。だから駄々をこねて幼稚園は中退。小学校でもいつも上の空で、通学や行事のことは、最初は姉に、後には妹に面倒をみてもらった。

あくまで自己に正直であったということであろう。それは文章に現れている。絵も描くが、野見山は文章も書く。それもかつて週刊文春の匿名書評欄において悪口雑言で鳴らした「風」が、「達者な筆」と認めざるを得なかったくらい上手い文章なのである。

野見山はパリ時代の交遊関係を中心に藤田嗣治や小川国夫らのことを書いた『四百字のデッサン』を七八年に著した。「風」はこの本を半分ほど褒めながら、しかし「この文体にはきまったポーズのものしか入らない」と難癖をつけた。「風」自身、ポーズだらけの文章のくせにおかしなことを言うものだと思った。ついでながら「風」とは朝日新聞の編集委員だった百目鬼恭三郎で、偏屈者だったが、生半可なのが多い新聞の学芸部では珍しく勉強家だった。

わたしは『四百字のデッサン』によって、個の確立を何よりも重んじた椎名其二という人を知った。パリ在住の森有正が女性問題で相談に来る。椎名が森に「それじゃ何ですかい、あなたは私がこうしろと言ったらその通りにするのか」と辛辣な言葉を浴びせる。森はベソをかく、といった情景の描写に瞠目したものだ。折しも森の『バビロンの流れのほとりにて』をはじめとする名随想が出版されて注目を集めていたころである。

小川国夫という作家をついに読まず嫌いで通したのは、野見山の妻陽子に「キッスさせろ」とつきまとっただとか金銭にだらしなかったと書かれていたことがある。

以来、三十有余年が流れた。五十代だった著者は卒寿も過ぎ、何かと去っていった友を思い出す日々だ。『とこしえ……』の副題は「記憶のなかの人」である。

「どういう自覚を〈老い〉というのかは分からないが、ぼくもフランスのある文豪のように、老いてゆく哀れに気付いたら、山上の湖の岸辺に立って、忘れられない女性たちの名前を、杖の先で書き印してみようと思う」

という書き出しで縁あった男ども女どもの思い出話が始まる。

例えば、岡本太郎。

あれは自分の子だと告げて死んだ老人がいたと遠く故国から聞こえてきたとき、彼はこともなげに言った。「いいかい、おれは岡本一平を父、岡本かの子を母として育った。それで充分じゃないか、誰の子だなんて、関係ない」。

例えば、〝林芙美子〟。

戦中の冬、焼鳥屋で美術学校の上級生とチャカホイを唄い踊っていたら、陸軍将校に「ふざけるな、それでもお前ら、日本国民か」と怒鳴られた。すかさず林芙美子とおぼしき女客が「何が悪いんだよ」と言い放った。「軍人だけが国を守ってるんじゃないよ……あんたたち、卒業すりゃ兵隊だろ、戦地に征くんだろ、堂々と飲みなさいよ」。

例えば、加藤周一。

「長いあいだ風になぶられ続けた剣客のような風貌」の彼は、レストランで「ぼくたちの作法で食べればよい」と、注文した皿を全部同時に出させた。だが日本作法はフランス料理には合わなかった。帰り道、封を切ったばかりの煙草を忘れて口惜しそうだったのに、取りに戻ろうとしなかった。

例えば、小磯良平。

彼は「勇気がないのです」としみじみ言った。「ぼくは現代のアメリカ画壇、リンドナーとか、ああいう人たちの絵を、いつも画集で見ています。ぼくもやってみたい、だけど怖い、勇気がなくて」。

そして、武富京子への弔文。

二十九歳だった陽子を亡くした著者は再婚した。博多でクラブを経営する京子である。「酒と男が好きでクラブのママさん稼業になったと言っていました」。

海に骨は撒いて、と言って彼女は七十五歳で先立った。「年齢は目安になりません。これまでで、存分の命であったろうと思います」。

折々に出会った人たちへの、これは別れの歌である。

●『とこしえのお嬢さん――記憶のなかの人』（野見山暁治著、平凡社、二〇一四年）▽『四百字のデッサン』（同、河出書房新社、一九七八年）

ピーターの法則と朝日

戦前戦中の朝日新聞ベルリン特派員として名声を馳せた守山義雄は、若いときから才筆を謳われていたが、記事作法の骨法を聞かれて、「思った通り、見たまま書けばよろしいねん」と答えている。

しかしナチ圧政下のドイツ第三帝国から「見た通り、思った通り」に書いた記事を送れるはずはなく、表現に工夫を凝らした「守山特派員電」は、それが分かる人に「行間を読め」と言われたという。

「見た通り」の記事は、治安維持法下の日本でも無理であった。

一九三三年二月二十日、小林多喜二が東京は赤坂における街頭連絡の途中捕まり、その夜特高の拷問によって虐殺された。

警視庁は異例の厳戒態勢を取り、通夜への弔問客を片っ端から検束した。遺体の帰された杉並馬橋の自宅へは誰も寄せつけない。警視庁七社会の記者連中も追い返される。そんな状況下、朝日新聞社会部の門田勲だけが奇跡的に家まで行き着いた。とにかく現場を見る。それは記者の初手である。

「よく来られましたね」と家の人たちが驚いた。「角の巡査が教えてくれました」と答えたら、ますます不思議な顔をした。横町の若い巡査が敬礼して「これを曲がりまして、突き当たりの左側でございます」と言ったのだった。

「死体の顔は苦痛で筋肉がひきつれ、左のこめかみには銅貨大の打撲傷があった。首にも左右の手首にもぐるりと深く細引の跡がくい込んで、皮下出血が赤黒い無惨な線をひいていた。下腹にはもっと物凄い虐殺の跡があったようだが、そこまでは見る気がしない」

そう書いたのは戦後になってからである。当時は記事にするなど以ての外で、家を出たら、バタバタと巡査が二人追いかけてきた。

「どうして入った」「どうしてもこうしてもあるか。君らの仲間が折角気を付けで敬礼して教えるから行ってみる気になっただけだ」

急に二人とも困った顔で、「本部まで御足労を願いたい」と急に丁寧になった。警戒本部には、太い金筋入りの肩章をつけた監察官がいて、「新聞記者を入れたとなると当方の大変な手落ちになるし、あの巡査の昇進の妨げにもなるから、どうか書かんでいただきたい」とやけに低姿勢である。

「書いたって検閲が通すはずもなかろう」と応じたら監察官が深々とお辞儀をしたそうである。

「わたしはいつも黒っぽい地味な服をきていたし、愛敬のある御面相ともいいかねるから、巡査はわたしを警察関係の人間と思ったらしい」と門田は茶化しているが、見たことを書けない、聞いたことを伝えられない口惜しさを忘れることはなかったに違いない。

戦後、新憲法下で「言論の自由」が当然のごとく謳歌され、新聞は権力の掣肘を受けることなく、自由な紙面を作ってきた。戦前の記者から見れば夢のようだろう。自由には自律が伴う。朝日新聞がきりきり舞いして自壊したのは、自律機能を喪失したからである。

朝日問題は、慰安婦報道の件と福島第一原発所長調書の件に大別されるが、「慰安婦」を検証した第三者委員会報告が旧臘出た。紙面には要約版が載った。全文冊子を希望すれば届けるというので、頼んでいたら送られてきた。

この程度のものを自ら調査できず、「第三者」に頼んだということが情けない。読後痛感したのは、朝日は組織ごと痴呆化してしまっていたということである。

発端は八二年九月二日付大阪本社版で「朝鮮人女性を強制連行して従軍慰安婦にした」とする男の講演を報じたことである。以来、証言について実地調査した現代史家から疑義が呈されたにもかかわらず、朝日はみずから調べに赴くという手間を惜しみ、ただ証言内容を事実であるかのように垂れ流した。

しかも驚くべし。裏付けを取る努力をしなかった。さらにこの初報を書いた記者が誰か、委員会の検証でも突き止められなかったとは開いた口がふさがらない。

最初「私が書いた」と認めた元記者がいた。その後「掲載時、実は国外にいた」と翻したとある。新聞記者は、駆け出しのころに書いたベタ記事でも覚えているものである。元記者は可哀そうに認知症を発症しているのかも知れない。

幾度も修正する機会があったのに、しかし朝日は漫然と時をやり過ごし、ついに三十二年が過ぎた。

そして昨年八月、突如として検証紙面を出し、「関連記事を取り消」したのである。商店なら売り物にならないものを売ったというに等しい。農薬混入事件始末で消費者に五百円のクオカードを送って詫びた冷凍食品会社があった。朝日は口先謝罪すら惜しんだのだ。

報告書にあるごとく「致命的誤り」を犯しながら「批判に真摯に向き合」わず、安易に「消極的な態度」を取り続けたのは「読者に対して不誠実」であり、「ジャーナリズムのあり方として非難されるべき」新聞であった。

お詫びに反対し、さらに問題を取り上げたコラムの掲載に反対して言論を封殺しようとした社長木村伊量は切腹するしかないが、しかも社長として第三者委員会に調査と提言を委嘱しながら、報告を受ける前に辞めるという非礼さは社会常識を欠いている。

木村だけの問題でない。検証問題は拡大常務会や経営会議懇談会その他の会議の議題とされていた。木村の非常識な判断に対して、幹部が意見を述べる場はいくらでもあったのに、一身を賭して反論する者は誰一人いなかったのである。自己保身にのみ長けた役員、幹部は木村と同罪であり、全員退陣してしかるべしと思われる。

社会学者ピーターによる「ピーターの法則」というのがあるのを中井久夫を読んでいて知った。社会は有能な人材を必死に捜して役につける。だがある段階でみな「無能レベル」に達して留まる。早晩あらゆるポストが無能な人間に占められて安定するというのだ。

朝日新聞でもきっと「有能」な人材が役職についていたことだろう。気がつけば、これがみな「無能化」していた。無能は罪である。連中の責任は免れない。

●『朝日新聞の慰安婦報道を検証する第三者委員会報告書』(朝日新聞社、二〇一五年)▽『新聞記者』(門田勲著、筑摩書房、一九六三年)▽『記憶の肖像』(中井久夫著、みすず書房、九二年)

累々たる無責任体系

政界とはさながら動物園だ。

さらば戦後よ、さあ戦前だと、やたら戦闘的なカンガルーもいれば、所構わずくっついて見せる盛りのついたサルもいる。

近ごろ現れたのは「不知鳥」だ。国の補助金を得た企業からの献金がばれていやいや辞任した農相をはじめ、同様の指摘を受けた幾人もの政治家が「知らなかった」「知らなかった」と言い逃れた。

補助金は税金だから、税金に援助された企業から政治家への寄金は税金還流になる。しかし補助金交付のことを「知らなかった」ことにすれば違法にはならない抜け道があって、「知らなかった」の斉唱となったのである。責任感覚なんざ、例によって微塵もない。

「知らなかった」で済むのだから、戦後七十年の日本政界は気楽なものだ。「知らなかった」が通らなかったのは戦前の帝国陸軍である。軍隊にあって兵隊は「知らなかった」と言ってはいけなかった。いかなる場合も「忘れました」でなければならなかった。

大西巨人の『神聖喜劇』は軍隊の不条理を、奇跡的な記憶力と執着力を持つ東堂太郎陸軍二等兵があますところなく剔抉していく前代未聞の快作であるが、その発端が「知りません」問題であった。

東京帝大文学部及び九州帝大法文学部のいずれも中退し、北九州北端海港都市の大東日日新聞西海支社に勤めていた東堂は対米開戦とともに召集を受け、対馬要塞重砲兵聯隊に配属、一九四二年一月十日、対馬厳原に着いた。

「最初の小さな波瀾」は入隊九日目、好天の午前に生じた。

朝食後、東堂は靴下と襟布を洗おうと洗面洗濯場へ行った。同じように洗濯する同年兵もいた。他班の一等兵から「ええのか、この天気のええ日に？」と訝られたが何のことか分からない。戻ろうとしたら、「コシュウゥゥゥゥ」と激越な声が起こり、編上靴、帯剣姿の兵たちがあふれ出てくる。

あたりは騒然。洗濯で一緒だった同年兵も急ぎ足になり、駆け足になった。しかし東堂は「普通に歩いた」。上等兵に「駆け足だよ、貴様」と怒鳴られるが黙殺した。

このとき、東堂の嗅覚は「目の前の事態に何か理不尽な物が隠れ潜んでいるらしいのを嗅ぎつけていた」のである。

朝の呼集のある日は、週番下士官ないし週番上等兵は三十分前に「呼集用意」を指令しなければならない。兵は就業準備をして待機し、五分前の「呼集」呼ばわりで巻脚絆を着け、整列に向かう。

ところがこの手順を東堂たちはまだ教えられておらず、しかもこの朝、「呼集用意」指令を週番は怠っていた。東堂の内務班は混乱し、遅れた兵、ことに駆け足を拒んで歩いた東堂に上官から「なぜ遅れたか」と詰問が浴びせられた。

「朝の呼集時間を、お前は忘れたのか」「知りません」「このウストン、わが国の軍隊に『知りません』があらせられるか。『忘れました』だよ。忘れたんだろうが？　呼集を」

「忘れました」と言えば、それで済むらしい。だが東堂は「知りませんでした」を押し通す。強いられて最初は「忘れました」と言った同年兵が「知りませんでした」と返答を翻した。東堂はさらに「知りません」の使用は正式に禁じられているのか、もしそうならその理由および根拠はどこにあるか、とただしたのであった。

上官は回答できない。

「知りません」禁止、「忘れました」強制。どうやらこれは不文律、慣習法であるらしい。東堂はその成立事情について考え、軍隊組織を貫く無責任体制に思い至る。

「知りません」を認めるなら、下級者に対して知らしめなかった上級者の責任がそこに姿を現す。しかし「忘れました」は、ひとえに下級者の責任であって、そこには下級者に対する上級者の責任は出て来ない。上級者は下級者の責任をどこまでも追及できるが、下級者は上級者の責任をいささかも問うことができない。軍隊で責任とは上から下へのみ追及される。

最下級者ZからY、X、W……と上がっていき、頂点に天皇がいる。「朕は汝等軍人の大元帥なるぞ」。誰もが下への責任は阻却されるが、上からは問責される。天皇には下級者だけが存在して、上級者はいないから、その責任は完全無際限に阻却せられている。

東堂は戦慄すべき断案に達する。「『わが国の軍隊』とは、累々たる無責任の体系、膨大な責任不存在の機構ということになろう」

東堂つまり大西は、軍隊を「日本の国家および社会の圧縮典型である」と見た。野間宏の『真空地帯』を批判した『俗情との結託』には、軍隊について「兵営は言葉の世俗的な意味に於いてはまさしく『特殊ノ境涯』であったが、その真意に於いては決して『特殊ノ境涯』でも別世界でもなく、日本の半封建的絶対主義性・帝国主義反動性を圧縮された形で最も濃密に実現した典型的な国家の部分であり、自余の社会と密接な内面的連関性を持つ『地帯』であった」と書いている。

戦前日本の支配体制を特徴づける「無責任の体系」に関しては、四六年に雑誌『世界』に発表された丸山眞男による『超国家主義の論理と心理』がある。しかし大西はこれを全く知らなかったと正直に表白している。

「『超国家主義の論理と心理』を読んでいなかったこと、その類の言表の存在を知らなかったことを、言語表現公表者として、たいそう不行き届きにかえりみ思った」

作家と政治学者はそれぞれ「無責任体系」の正体を看破した。ただし両者間には「異同」があった。

丸山は後に「日本の無責任体制を戦争中の病理現象と見た」と自己批判をした。一方、大西は「日本軍隊の日常生活現実（『知りません』禁止、『忘れました』強制）から演繹した私の『累々たる無責任の体系、膨大な責任不存在の機構』は、むろん毛ほども『これを戦争中の病理現象』と見立ててはいなかった」のである。

今も目の前に「無責任の体系」はあるではないか。

●『神聖喜劇』第一巻（大西巨人著、光文社文庫、二〇〇二年）▽『日本人論争　大西巨人回想』（同、左右社、一四年）

悔いなき米朝の悔い

芸は人なり。三代目桂米朝が去っていった。八十九歳だった。

「上方文化の象徴」「上方落語復興の立役者」「円朝と並ぶ落語中興の祖」との誄辞《るいじ》が捧げられた。いま東京にざっと四百人、大阪に百六十人からの噺家がいるといわれる。座布団一枚の上で、お供は扇子と手拭いだけという日本独特の一人芸の隆盛は喜ばしいことと言わなければならない。

志ん生がなめくじ長屋に暮らしていたなど遠い話だ。いつかテレビで圓楽のお宅拝見を見ていて、その豪勢さに驚いたことがある。昇太が静岡の落語会に往復するのに、新幹線はグリーンだというので恐れ入らされたこともある。つまらない楽屋落ちだけが飛び交う「笑点」の二人は出演者だが、金回りだけはいいと見える。

戦争で風前の灯になった落語を再興するには、幾多の人たちの献身があった。とりわけ上方落語にあって米朝の名前は永久に不滅である。「米朝という人は上方落語を復興するために天から遣わされたのではないか」と言ったのは落語作家小佐田定雄であった。

米朝には「三人の師父」がいた。

一人は実父中川延太郎である。もう一人は上京して師事した芸能研究家正岡容である。三人目が入門した四代目桂米團治である。

一九二五年、中国は大連に生まれた。父がそこで郵便局長をしていた。神職だった祖父が死に、その後を継ぐために戻る父に従って米朝は姫路に来た。五歳だった。

寄席と芝居見物が唯一の道楽であった父に連れられ、幼少時から道頓堀の中座や法善寺の花月に行った。童話より落語全集を読みふけり、父の購読する『文芸倶楽部』や『演芸画報』も読み下した。ラジオの前に座布団を敷き、父と一緒に落語や講談に耳傾けた。

「千早ふる」が流れてきた。

「この噺、知ってるやろ」「いや、初めてや」「講談社の全集に入ってェへんか」「あらへんかったで」といった問答が交わされる、そんな父と子であった。

父が死んだ。五十五歳だった。

旧制姫路中学を出て大東文化学院に入学、寄席通いが日課となる。その著書を愛読していた正岡の家を偶然見つけ、押しかけ弟子となった。芸能百般の教えを受ける。

兵役。病気。敗戦。大学中退。

正岡のような研究家になりたい気もあったのだが、高座に引かれた。会社勤めをしながら米團治の門を叩いた。二十二歳だった。

「ご存じと思うが、この商売は食えまへんで」「百も承知です。いざとなればヤミ屋の片棒でも担ぎます。食えなかろうと、だれかが十でも二十でも古い上方落語を残していかなければなりません」

米團治は地味な芸風で厳格な人だった。一言一句、きっちり差し向かいで稽古をつけてくれた。しかし五十五歳で急死した。

正岡も五十五歳を一期としたことから米朝はかねて「自分も五十五歳で死ぬ」と決めていたふしがある。そのためか、生涯を通してひたすらに勤勉であった。

消えかかった上方落語を掘り起こすのは並大抵ではなかった。古参の噺家を回り、年輩の寄席通を訪ねた。噺の全編でなくとも片々でもいいからと聞いて書き留めた。どうしても空白の部分は想像を駆使して埋めていった。

勉強会を始めた。上方芸能の各分野横断の活動にも乗り出した。

祇園や大阪の遊里にも通った。老妓から、古いお茶屋遊びのことを教わった。大正の成金がどんなばか騒ぎに金を遣ったかも聞いた。

こうして「天狗裁き」が復活し、「はてなの茶碗」が再生し、そして「地獄八景亡者戯」が蘇った。「算段の平兵衛」も米朝が初おろししたものだが、「実際の高座を一度も聞いたことがなく、書いたものも残っていない。ずっと以前、長老たちに断片的に語ってもらったかすかな記憶を頼りにマクラをつけ、内容を整え、笑いを入れて作り直した」のであった。

落語に定本はない。だが今の決定版ならある。そう考えて『桂米朝上方落語大全集』を編んだ。「古いサゲが通じなかったら変えたらいい。現代人の共感を呼ばない展開なら再構成したらいい」

かつて東京で「上方落語の会」を開いたとき、「土方《どかた》落語って何ですか」と聞き返されたという話がある。上方落語を揺るぎないものとした米朝の奮闘努力は、人間国宝から文化功労者、落語界では初の文化勲章で認められた。

「嫌な人間にだけはなってはいけない」と米朝は言う。「たとえばずるがしこい人間は、どうしても芸もずるがしこくなってしまう」

二歳年上で米朝と同じく大阪を動かなかった司馬遼太郎は、米朝を繰り返し聴くのを楽しみとした。

「米朝さんを語るとき、その登場と成熟があらゆる意味で尋常でないことを思わねばならない。さまざまな分野を通じ、このひとのように復活と新展開という劇的な活動をひとりでやってのけたひとは古来幾人いるだろうか」

司馬は「演者の精神が高く、このため、たとえば『景清』に出てくる濡れ場までが、ずきりとするほどに品がある」と褒めた。

「人生の晩年になって米朝さんという巨人を得た。この幸福をどう表現していいかわからない」

酒は呑むが、ゴルフをやらず、車も転がさず、海外旅行や流行、ファッションにも関心がない。「これほどつまらない無趣味な男もいない」と自分をくさしながらも、「こと落語家になった点についてはまったく悔いはない」ときっぱり言い切っている。

ただ一つの痛恨事は一番弟子枝雀のことだったに違いない。

内弟子のころから子守りを忘れて噺の自習にふけるという熱心さだった。深夜にぶつぶつ言いながら近所を歩き回り、警察に通報されたこともあった。鬱を発して自らを追い込み自裁した。五十九歳。

「高座に行ってもようやらん」と泣いて謝る弟子に、師匠はこう言うしかなかったという。

「私にはそういう経験がない。なったことがないさかい、どないもいうてやりようがないんや」

さぞ無念であったろう。

●『桂米朝　私の履歴書』（桂米朝著、日本経済新聞社、二〇〇二年）▽『司馬遼太郎が考えたこと12』（司馬遼太郎著、新潮文庫、〇五年）

いやな感じのなかで

この国の方向を決めるのは空気だと言った人がいた。いま、政治の空気が気がかりである。内閣法制局長官人事、日本版ＮＳＣ（国家安全保障会議）設置、特定秘密保護法、武器輸出禁止の見直し、ＯＤＡ（途上国援助）で他国軍支援容認、集団的自衛権の行使容認、安保法制関連法案の閣議決定と、安倍内閣は詰将棋の手順をたどるように「戦後の否定」を進めている。次は憲法九条改廃に王手をかけるであろう。

憲法を盾に「戦争はしない」と言ってきた日本が、米国に言われたら戦争をする国に変わる。先の敗戦で成立した「二度と戦争はごめんだ」という国民的総意は今や反故と化しつつある。いやな感じがしてくるのを如何ともし難い。

高見順の小説に『いやな感じ』というのがあった。未完に終わった長編群「昭和」の中の一作で、テロリストが主人公である。奥野健男によれば、「アナキズム、マルキシズム、ファシズムなどが縦横に入り乱れた『昭和』の本質」と「理想も倫理もない現代人の真実の姿」を描いたとされる。さすが『わが胸の底のここには』とか『如何なる星の下に』の作家らしく、タイトルのつけ方がうまい。

向田邦子のドラマに見るように、戦前にも笑いがあれば喜びもあったろう。すべて真っ暗だったはずはないが、「いやな感じ」とは当時の空気を言い当てて妙と思える。

サザンオールスターズの桑田佳祐が去年の大みそか、紅白歌合戦にちょび髭をつけて出てきたり、もらった紫綬褒章を手にライブでわざとふざけたりした。

朝日新聞が原発「吉田調書」の特ダネ記事を愚かにも取り消した件を研究者や弁護士、ジャーナリストたちが批判した『いいがかり』を読んでいたら、NHKディレクターだった永田浩三が桑田を巡る騒動に触れた文章があった。

サザンオールスターズの歌った「ピースとハイライト」は、「ピースは平和。ハイライトはhighlight ではなく、high right、つまり右翼」という意味を含み、「都合のいい大義名分（かいしゃく）で、争いを仕掛けて、裸の王様が牛耳る世は狂気（Insane）」という歌詞は明らかに現政権批判であり、ネットでは大騒ぎになったとある。

ちょび髭姿を「チャップリンでもあり、ヒトラーでもあり、安倍晋三総理をも連想させました。わずか五センチにも満たない髭。しかし世の中への発信力はすごいものがありました」と、永田は称賛する。しかし当今、そのような「おちょくり」は通じない。

「桑田佳祐氏は、全面謝罪に追い込まれました。さらにライブで紫綬褒章をオークションにかけるようなギャグを行ったことが『不敬』だとされました」

戦前から戦中、世の中が窮屈になるにつれて、笑いは封殺されていった。しゃれる、おちょくる、ちゃかす。そんなことで「全面謝罪」させられるとは、まるで戦前への回帰を思わせるではないか。

「不敬罪などとうに過去のものなのに、今もそうした感覚が残っているというか、逆に強まっているようにさえ思える」という永田の危惧は故なしとしない。

一手、一手、詰められているといういやな感じは、明らかに現政権の政治作法からきている。

未熟だった第一次内閣の蹉跌に懲りたのであろう。今回は抜かりない。「戦後レジームからの脱却」は安倍畢生のプロパガンダであった。

「反ユダヤ主義」を標榜して権力を奪取し、ヨーロッパを席巻して世界大戦を仕掛けたヒトラーの軌跡もまた詰将棋のごとくであった。ドイツ国民を戦争へと駆り立てるため、いかに周到に手が打たれていったことか。

「国民の心をつかみ、彼らの思想を支配し、人々を操らねばならない」と考えたヒトラーは「自分の考えには一致しない思想をことごとく破壊すること」を第一義として思想統制を図った。

その工程は、英国の哲学研究者イヴォンヌ・シェラットによる『ヒトラーと哲学者』に明らかである。

政治妄想に取りつかれた男は、大逆罪のかどで服役した刑務所内でドイツの誇る哲学者の著作を読みかじり、その中に「反ユダヤ主義の素地」を見つけ出した。そして社会民主主義者、自由主義者、反動的王政派、共産主義者、ユダヤ人の放逐を企てるのである。

カント、ヘーゲル、ショーペンハウアー、ニーチェといった「偉大な哲学者」に自分を重ね合わせて「哲人指導者」を気取り、いかにも大仰な演説を飾り立てた。

ヒトラーは思想界を「浄化」した。ローゼンベルク、ボイムラー、クリークら忠誠一途の学者を使って、大学のリベラルな学風と秩序を破壊し、ユダヤ人学者を一掃し、ユダヤ系図書を焚書した。カリキュラム検閲から亡命ユダヤ人思想家の暗殺までも認めた。

ユダヤ人フッサールは追われ、妻がユダヤ人のヤスパースも追われた。ユダヤ人が放逐された空席にはナチ協力に汲々とする連中が雪崩を打って割り込んでいった。ナチは「少人数のはぐれ者集団から始まった」のに、「時が経つと大学人のほとんどがナチ化された人間になっていた」

のであった。

ファウストは「戦争への全面協力の書簡」に署名し、ハイゼは「総統への服従」を誓った。シュミットは、ヒトラーが「緊急令と権利停止を通して権力の強奪を行ったこと」に法的根拠を与えた。

「人間の知性が生み得るなかでも深遠複雑の極みにあるような思想を摑むほどの畏るべき天才」といわれるハイデガーはフライブルク大学総長に就任し、「唯一総統こそが、今日のそして将来のドイツの現実であり、その法なのである」とヒトラー賛美を明言した。

大物も小物もこぞってナチ御用となった哲学者たちは、ヒトラーのプロパガンダを支持し、推進することに勤しんだ。かくて民主主義は破壊された。暴力は正統化された。そして戦争が始まったのである。

自衛隊を「わが軍」と呼ぶような宰相は要注意だ。どんなに悪い平和でも戦争よりはましとは、歴史の教訓である。

●『いいがかり――原発「吉田調書」記事取り消し事件と朝日新聞の迷走』（編集委員会編、七つ森書館、二〇一五年）▽『ヒトラーと哲学者――哲学はナチズムとどう関わったか』（イヴォンヌ・シュラット著、三ッ木道夫・大久保友博訳、白水社、二〇一五年）

何より名づけこそ大事

無名の「吾輩」がいちばん有名な猫の世界とは異なり、人間世界にあっては名前が大事である。一九七三年、信州生まれで『ウンココロ――しあわせウンコ生活のススメ』とか『死にカタログ』といった書名の自著のある寄藤文平というグラフィックデザイナーがいるが、その名前には、大学教授（生物学）だった父親の「武を廃し、文をもって平和をなせ」との願いが込められているとある。

明治の民権運動家中江兆民は、保安条例による東京からの退去処分の解けた一八八九年に男子を得て、「丑吉」と命名した。足軽上がりの当代高官のことごとくが末は大臣か大将かみたいな、大げさで偉そうな名前を息子に付けていた時代である。その本意を問われて、兆民は「真実の親の愛情というものである」と答えた。

筑豊に盤踞して『追われゆく坑夫たち』や『天皇陛下萬歳』など比類なき記録文学作品を残した上野英信は、兆民に「哀切な親心」を見て、このように書いた。
「いい身分になれるのは万人に一人もありはしない。むしろ人の卑しむ人力車夫や酌婦に身を落とす可能性のほうが強いのである。その時にふさわしい名をつけてやるのが、親心というものではないか。丑吉なら車夫になっても、わが名を恥じることがなくてすむ。兆民はこう信じたのである」

五六年に誕生した上野の一子は「朱《あかし》」という。これは中国の革命家朱徳に由来する。長じて朱は自分の子に「民記《たみき》」と名づけた。報告に出向き、「読みは原爆詩人の原民喜さんに、字は民衆を記録し続けたこの子の祖父にちなみ」と告げたところ、父は涙ぐんで、繰り返し「民記か、いい名前だ」とつぶやいたという。

そう言えば日本国宰相安倍晋三の名前は、あれは松下村塾の傑物高杉晋作にあやかったらしい。奇策に満ちたその政治作法を見るにつけ、晋作創成の奇兵隊なる名称を思い浮かべないでもない。「奇」とは長州人の好むところか。白川静『字通』によれば、「かたよる、あやしい、ぬきんでる、正常でない、いつわり」の意味を有する。

安倍風奇策の第一は、集団的自衛権の行使を可能にした昨年七月のあやしい閣議決定であった。従来、そのためには憲法改正が必要との歴代内閣の定言を覆し、解釈さえ変更すればどうにでもできるとしたのである。憲法学者の大勢が「違憲」と断じるのを歯牙にもかけないとははなはだしく正常でない。

奇策は「名づけ」にも遺憾なく現れる。象徴は「平和安全法制整備法案」との名称である。閣議決定を実行に移すには関連法を新たに作ったり、改めたりしなければならない。その総称に「平和」と「安全」を配したのは安倍の意向とされる。看板にいつわりありである。改憲論者で憲法学者の小林節が「何が平和だ、安全だ。こんなの虚偽表示だよ。国民はだまされちゃいかん」と激怒している、と毎日新聞に出ていた。

法案中に使用されている用語も奇異である。「武力攻撃発生事態」「武力攻撃切迫事態」「武力攻撃予測事態」「存立危機事態」「重要影響事態」「国際平和共同対処事態」と、これはまさに「一括り『どうでも事態』と名付けては」（朝日川柳）である。「何やらえたいの知れぬ言葉がある」と毎日新聞の山田孝男がコラムに書いていたが、そこが安倍の付け目なのに違いない。由らしむべし、知らしむべからずとは為政者の定法である。

マスコミも乗せられている。例えば「後方支援」という用語だ。これは「logistic support」のことで「通常は『兵站』と訳される」と朝日新聞は語釈しながら記事では安倍用語に従い「後方支援」と書いて「兵站」と書かない。兵站は前線と一体である。後方だから安全というような錯覚を振りまくのに加担しているのは情けない。

市村弘正の『「名づけ」の精神史』によれば、「名づけるとは、物事を創造または生成させる行為であり、そのようにして誕生した物事の認識そのもの」である。国の安全保障体制の大転換を目論む安倍が、法制に「平和」「安全」を冠させ、またその条文を「えたいの知れぬ言葉」で満たすという策をとった点に政治家としての器量が見て取れる。つまり姑息なのである。

明らかにアメリカに追従して戦争をする羽目に陥りそうな法案なのだから、これを「戦争法案」と名づけた社民党の福島瑞穂の語感は正しい。それを「まったく根拠のない、無責任かつ典型的なレッテル貼りだ」と安倍は居丈高に反発したが、言われたら言い返すという子供じみた仕儀でしかない。およそ他人に理解を求める謙虚さは微塵もないのである。

「いくら美辞麗句で飾っても、武力行使の機会を広げる『戦争法案』でしかない。このような国民の疑問を代弁する野党の追及に安倍さんがどう答えるか。国民はぜひ、見ていてほしいね」と小林も語っているが、しかし余程の暇人でない限り、国会中継に時間を割いていちいち法案用語の定義にまで注意を及ぼす者はいまい。

わたしは暇だから中継を見物するが、安倍政権になってからは見るのが苦痛である。いつも安倍は自分の言いたいことしか言わない。これは記者会見でも同様で、相手が何を言おうと、問答が噛み合わない。国会でも論戦が成り立っていない。それでいて不用意な野次を飛ばす。飛ばして反省しない。反省しないからまた飛ばす。

何しろ、昨夏の長崎で、集団的自衛権について「納得してない」と追いすがる被爆者に対して、「見解の相違」と冷たく言い捨てて立ち去った首相である。ＮＨＫのインタビューで「人間というのは対話が大切です」などと言っていたが、対話能力ひいては言語能力に大いなる問題があるとしか思えない。

オーウェル『一九八四年』のオセアニアという全体主義国家には三つのスローガンが掲げられる。

「戦争は平和なり」
「自由は隷従なり」
「無知は力なり」

これを「新話法」という。安倍話法に似ていないか。

●『「名付け」の精神史』（市村弘正著、みすず書房、一九八七年）▽『一九八四年』（ジョージ・オーウェル著、高橋和久訳、ハヤカワepi文庫、二〇〇九年）

楽な人生など、ない

昔はきんさんとぎんさんに、もう一人くらいしかいなかったのではないか。百歳を超えた人がいま五万八千人もいるそうである。

美術家篠田桃紅著『一〇三歳になってわかったこと』の広告を見た。齢を取るとはどういうことか、齢を取ってみなければ分からない。分かるも分からないも当人次第だろうし、禅坊主の悟りに似て、他人が分かったと言うのを聞いても始まらないと思うが、宣伝によれば、篠田本は大いに売れているというから長寿はめでたい。

「死が到来すれば、万事は休する。従って、われわれに持てるのは、死の予感だけだ」とは八十歳で死んだ小林秀雄の言であった。

予感があったのか、新聞の先輩で「おれは七十歳で死ぬ」と公言していたのが本当に七十歳で死んだのには驚いた。山本博のことだ。新聞の申し子のごとき男で、時の竹下登内閣を潰したリクルート事件を頂点として、一九八〇年代の朝日新聞が放った一連の調査報道の中心を担った。アクが強くて、歯に衣着せぬ物言いをし、敵も多かったが、人たらしのところがあって、敵対的な取材相手をたちどころに取材協力者にしてしまう手腕は名人芸であった。

七十歳の七月、昨日まで普段どおりに暮していて、一夜明けたらこの世を去っていた。まるで意志によって息を止めたかのようであった。「不審死」だから警察が来た。司法解剖をしたが死因は不明であった。こんな名人芸まで持っていたのかと感心した。

馬齢を重ねてわたしも七十歳である。古来稀なりと昔は敬重されたものだろう。今は七十七歳にならないと敬老会には呼ばれない。「七十歳なんてまだまだですよ」が挨拶だ。何がまだなのか。少なくともお迎えはまだらしい。

「七十歳の死」を予感していたような男がもう一人いた。

車谷長吉が「私はいま六十一歳であるが」と書いたのは九年前のことだ。「もう人間でいたくないな、とよく思う。これは、すぐに自殺するということではなく、深澤七郎『楢山節考』の主人公・おりんが七十歳になったら、倅の辰平の背におぶわれて、楢山（姨捨山）へ捨てられに行く日を、心待ちにしているのに似た気持ちである」。

あと二月足らずで満七十歳という今年の五月、車谷は命を終えた。訃報に「誤嚥性窒息」とあったが、何を口に入れたのだろう。

好むものではない鮨の赤貝なんかに手を出して、のどに詰まらせて死んだのは久保田万太郎であった。文人としてこの同郷浅草ただ一人の先輩を悼む痛恨の文章に、石川淳は「魔がさしたというのだろう」と述べていたが、車谷も魔がさしたのであろうか。

自らを「阿呆」「あんぽんたん」「なりの悪い男」「無能の人」「ぼけ茄子」「ぐうたら」「ぼんくら」「毒虫」と称し続け、私小説の「頂点」という嘉村礒多の後継に位置する車谷は、ひたすら虚実皮膜の間を縫って文字を書いた。

「文学というのは、人間存在の美しい部分だけを書けばよいというものではない。寧ろ人間存在の抜き差しならない『悪』の部分を『容赦なく』見据えねばならず、しかもその材料を『私』及び身近な人に取るのであるから、たちの悪い、むごいものであって、して見れば、これは書き手としても、己れにだけは『かばい手』を使うことは許されない」

五十三歳で直木賞を得た『赤目四十八瀧心中未遂』について「一日五時間座って一行。この本、書くのに六年かかった」と言ったのに、わたしは凄味を感じた。

「私は自分の骨身に沁みた言葉だけで書いてきました。いつ命を失ってもよい、そういう精神で小説を書いて来ました」

二〇〇四年、事件があった。

『新潮』新年号に載った『刑務所の裏』が発端である。

文学青年のうじうじした人間関係を描いた「私小説」だが、春日井建の第二歌集出版を巡り「齋藤愼爾」が出て来る。出て来るのはいいが、これがまた極めて浅薄で、しみったれていて、卑しい人物になっている。俳人で独り深夜叢書社を営み、『周五郎伝』や『寂聴伝』の著者である齋藤を知っているが、こんな男では断じてない。

両者の間に諍いがあったわけではない。何であんな風に書かれたのか理解不能という。恨まれる覚えもない。齋藤は当然のことに、名誉毀損で告訴した。和解となった。車谷は詫び状を公にする。

「これは小説である以上、基本的にはすべて虚構（フィクション）であり、にも拘らず、私はこの小説に於いて齋藤愼爾氏、および氏の主宰なさる深夜叢書社の名を使用いたしました。ために一部の読者には、書かれたことが事実であるかのような印象を与えました」

今後私小説はもう書かないという「廃業宣言」であった。

『赤目四十八瀧心中未遂』は九割まで架空だが、しかしこれを書けたのは、人の嫁はんと三度の姦通事件をやらかしたからだと明かした文章がある。「つまり三人の女を『藝のこやし』にしたのです」。

かくもしたたかな「私小説作家」が、人の実名を使って事実無根の傷つけるようなことを書けばどうなるか知らないはずはない。どうして書いたのか腑に落ちない。

車谷には天金の三巻から成る全集がある。「楽な人生など、ない」と言い捨てた「贋世捨人」の、どこまでが実で、どこからが虚か。

〈死ぬために生まれて来たるこの世かは吾の生れしは夏の曇り日〉

全集には『刑務所の裏』が題名と齋藤の名を変えて入っている。

「自歴譜」をたどれば、問題の作品は五十九歳の作。六十歳で私小説作家廃業宣言。別件の名誉毀損訴訟でも和解。六十三歳のときお四国巡礼。六十五歳に全集上板。

そして七十歳になる年に死去。

もしかして車谷は、石をぶち当てて歯を砕いたおりんをまねて着々と布石していたのかも知れないと思えてきた。名誉毀損事件は仕組んだものではなかったのか。

「死がやって来れば、私はもう人間ではいられなくなり、救われるのである」

●『車谷長吉全集』全三巻（車谷長吉著、新書館、二〇一〇年）

「安倍語」は空っぽ

新聞の投書欄には政治面よりも政治の本質を穿ったものが載る。

毎日新聞に福岡の自営業、六十一歳の「安倍さんは声が大きく、早口で自信ありげに話すだけで、内容は全く空っぽで論理的ではありません」というのがあった。

こういう判断を、永田町周辺にたむろして「私は何代もの首相を見てきた」てなことを自慢するしか能のない御用記者の記事に見ることは、決してない。

アメリカに言われたら戦争へと赴くための安保法案は「積極的平和主義」に基づくものだそうだから、さながらオーウェル『一九八四年』のスローガン「戦争は平和なり」だが、これを「丁寧に」と称していくら説明しても「なかなか国民の理解を得られない」のはなぜか。「自信ありげに話すだけで、論理的でない」からである。

苦し紛れにテレビや自民党のネット番組に現れて、例え話の披露に及んだのはご愛嬌であった。「アソウ君とアベ君が一緒に歩いている。不良がアソウ君に殴りかかる。私もこれを守る。これが今度の法制である」だの、「アメリカの家が燃えて、アメリカ家の離れに火が燃え移っても日本は何もしない。でも風向きで、離れの火が道を挟んだ日本家まで来そうなら日本の消防士は道の上から離れの消火活動ができる」だの、いったい何を言いたいのであるか。

その珍妙さを突いて佛教大学教授瀬戸賢一が「集団的自衛権の行使を火事にたとえるのはレト

リックとして本末転倒で、実態を矮小化して危険です」と評したが、本末転倒は安倍政権の特徴である。

かつてニュースキャスターの筑紫哲也が安倍にインタビューした。本音を引き出すべく一つの課題で三通りの異なる質問を試みた。「しかし返ってくる答えがみんな同じだったよ」とぼやいていたという。

ノンフィクション作家の柳田邦男も「安倍晋三首相の国会などでの発言を追っていると、頻繁に同じ言葉を繰り返すばかりで、問題の核心部分について、答えにも説明にもなっていないことが多い」と述べていた。要するに「空っぽ」ということだ。

それでいて、国会で「日教組！」だとか「早く質問しろよ」と幼稚な野次を飛ばしたり、「われわれにも言論の自由はある」と為政者としての認識を疑わせる発言をしたりと、首相の言語能力にはとかく疑問符をつけざるを得ない。

八月十四日に「戦後七十年」の安倍談話が出た。「五十年」の村山談話、「六十年」の小泉談話をはるかに超える三千三百文字。

「植民地支配」「侵略」「痛切な反省」「心からのおわび」といった言葉を入れるの、入れないの と、うるさく取り沙汰され、当人は「侵略の定義が定まっていない」とか「同じ単語を入れるのなら、談話を出す必要はない」とか渋っていたくせに、四つの言葉は全部入っている。ただし引用による間接話法とはなかなかの芸で、狡猾な手だから官僚の作文と思ったら、産経新聞が「首相の肉筆」と書いていたから大いに恐れ入った。

祖父の岸信介は中国侵略の推進者だったから、本当は「侵略」と入れたくなかった。「おわび」もしたくはない。ところが私的懇談会には「侵略」を認めさせられ、友党公明からは「おわび」で注文をつけられ、さらに忠誠を誓うアメリカにまで牽制を受けて意に沿わないものになった。いやいや書いたから主語がない。「私」がないので、言わんとすることの全体がぼけた文章になった。

朝日新聞の「声」で、大分の牧師、八十八歳は「巧言令色鮮し仁」と断じ、安倍を「悪いことをして素直に『ごめんなさい』と言えない子どもがいる」と例えていた。

「子や孫に謝罪を続けさせない」との明言を「自らが手を下していない行為について自らの罪を告白することはできない」とした戦後四十年の西ドイツ大統領ヴァイツゼッカー演説に通じると持ち上げる向きがいたが、肝心なのは大統領がこう言ったことである。

「罪の有無、老幼いずれを問わず、われわれ全員が過去を引き受けねばならない。誰もが過去からの帰結に関わり合っており、過去に対する責任を負わされている」

政治外交史家三谷太一郎が、新聞各紙に感想を聞かれてばらりずんと切り捨てていわく「冗長で毒にも薬にもならない談話だ」。

三谷は個別に、西洋の「植民地支配」を批判しても、日本の台湾・朝鮮に対する自己批判がない▽侵略の責任という問題意識がない▽「おわび」と言いながら対象が先の大戦にとどまり、日本の植民地支配に対するおわびではない▽戦争に至った過去の日本の行為に責任を負おうとする姿勢がない▽未来に向けた展望がほとんど語られていない、等々を挙げたうえで、安倍には「責任ある国家指導者としての主体意識が希薄」と容赦ない判定を下している。

「懇談会」をしきりに多用する安倍政治が専門家支配に傾いていることへの危惧を三谷は隠さない。戦争へなだれ込んで行った時代の軍部支配は専門家支配そのものであり、政治家は対米開戦決定の判断を軍部という専門家に委ねてしまったと考えるからである。

三谷の『人は時代といかに向き合うか』に、一九七八年執筆の、日本では憲法への「慇懃なる無視」が政治的シノシズム（冷笑主義）を蔓延させている、と指摘した文章が収められている。憲法を公然と無視する政権の出現した今の状況を予言したかのようである。

この本はまた、栗本鋤雲、福沢諭吉、内村鑑三、夏目漱石、森鷗外、永井荷風、中江丑吉、南原繁、吉田茂、野田良之、丸山眞男といった幕末以来の先人が時代とどう関わったかということに触れた随想集であるが、例えば勝海舟は日清戦争に終始反対を通したとある。

三谷はこの勝について「政治的誠実は結局知的誠実に由来する」と書いている。「政治家もまた他の分野の専門家と共に、同じ知的共同体に属する知識人でなければならない」というのだ。

主体意識なき政治家に知識人であることを期待しても空しいとは言うに及ばない。

●『新版　荒れ野の40年――ヴァイツゼッカー大統領ドイツ終戦40周年記念演説』（永井清彦訳、岩波ブックレット、二〇〇九年）▽『人は時代といかに向き合うか』（三谷太一郎著、東京大学出版会、二〇一四年）

たかが賞、されど賞

賞を貰う人と貰わない人があって、貰う人は何度も貰うが貰わない人は一度も貰わない。そう言ったのは『やぶから棒』の山本夏彦で、まだ有名でなかったころ、「私はさる賞をもらいそこなった」と書いている。何という賞だったかは知らない。コラム対象の賞であったらしい。「コラムに対する賞なら天下ひろしといえども私にくれるよりほかないと、笑止やくれるにきまっていると思っていた」

ところが別人に行き、その後もなかった。「私に与えないで、よくまあなん十人も与える人があるなあと、私はその賞をバカにするに至った」というのは、自信が言わせたことだろう。賞のあるなしと文章の値打ちとは関係ない。

馬に食わせるほどある文学賞のなかで、年に二回も出る芥川賞がどうしてあんなに大騒ぎされるのか、かねて不思議である。出版社の商法に乗せられているとしか思えないのだが、一九三五年にできたとき、やたら欲しがったのが太宰治だったとは有名な話だ。

佐藤春夫に当選を頼み込んだ手紙が一通あったとは周知だが、さらに泣きつくようなもう一通が出てきたと新聞に出ていた。

第一回は太宰ではなく石川達三に与えられた。このとき小林秀雄が皮肉なことを言っている。「今日の文学の懸賞の意義は、その作品が本当に文学の進歩に貢献するとか、純粋に文学的価値があるとかそんな事にあるよりも、寧ろ実際に若干の金を貰う人が毎年必ずあるといふ事にあるのぢやないかね。必ず誰かが金を得るといふ、実際的寄与にある」

小林秀雄はこれより六年前、『改造』懸賞論文に「様々なる意匠」で応募し、一等間違いなしと賞金をあてに呑んでいたら、宮本顕治が芥川を論じた「『敗北』の文学」のために苦杯を嘗めた。その人にして発する至言である。

「芥川賞の文学価値を云々するのは大変難かしいが」と言葉を継ぎ、「とにかく金を貰ふといふことは良い事なんだよ」と念入りに繰り返している。

太宰の候補作は「逆行」だった。川端康成が選評で「作者目下の生活に厭な雲ありて、才能の素直に発せざる憾みあった」と述べたことが太宰を逆上させる。私行上の不行跡をもって文学的価値を計られては無頼派の顔が立つまい。

憤怒に燃え、「小鳥を飼ひ、舞踏を見るのがそんなに立派なのか。刺す。さうも思つた」という物騒な抗議文が残っている。

これまで知られていた佐藤春夫への手紙は「芥川賞をもらへば、私は人の情に泣くでせう」というものだが、こんど発見されたのはその一週間前に巻紙に毛筆で書かれ、「第二回の芥川賞は、私に下さいまするやう、伏して懇願申しあげます」とか「私を見殺しにしないで下さい」とあるという。

「門弟三千人」という文壇政治家の佐藤春夫に「お前ほしいか」と言われ、すっかりその気になっていたことが「創生記」に読み取れる。しかし佐藤は、そんな事実はないと否定し、太宰の「妄想」と一蹴しているから、文学者の芸術的で繊細な言葉の綾は雑駁な門外漢にはとうてい窺い知れない。

太宰は受賞を逸した。文芸史上、これを「芥川賞事件」と称するが、なぜそんなにも取りたがったのかと言えば、賞金を貰いたかったのだという説は笑える。

文学賞と文学的価値との無関係は、小林秀雄を引かずとも、吉村昭を思い浮かべれば自明である。吉村は芥川賞候補に四回挙げられ、四回落ちた。三回目など意地悪な神様がいて翻弄されたとしか思えない。これも「事件」であった。

「二作同時受賞」と電話が来て、吉村は次兄の車で文藝春秋へ向かう。だが着いたときには暗転していた。票が割れて「二作受賞」に内定したが、念のためにと選考会欠席の井伏鱒二に電話で意見を聞いたら、同点のもう一人を支持した。それが宇能鴻一郎であった。吉村と宇能のその後の研鑽ぶりと文業の格差を一瞥すれば、賞というものの無意味さが分かる。

トルストイが第一回ノーベル賞を逃したという話がある。その「無政府主義」が障碍になったというのだ。ドストエフスキーは無冠。漱石も鷗外も、芥川龍之介も文学賞には無縁だ。くれると言われても、漱石など文学博士号を断ったのだから受けるはずがない。

山本周五郎は芥川賞とともに人も欲しがる直木賞を「勝手ながら辞退」して文壇を仰天させた。賞を創った菊池寛の権威主義に我慢ならなかったようだが、直木賞以後も賞という賞を拒絶して生涯を通した。「いろいろな賞を、いらんよ、それは読者がくれるものだよ」というのが持論の作家であった。

突然だが、友人永栄潔の『ブンヤ暮らし三十六年』が「新潮ドキュメント賞」を受賞した。新聞社を材料にしたものとして面白く仕上っている。新聞記者の回想には、かつて高木健夫、門田勲、扇谷正造といった人たちの著作があって面白く読ませたものであった。それが廃れたのは新聞の没落のせいであろう。

この本の特徴は何より、著者が新聞に入って以来、自分の目で見て、耳で聞いたことに限って書き留めたことにある。

新人教育の愚劣さ▽新聞労組の裏表▽立身出世しか頭にない連中▽社論に合わない原稿の行方▽リクルート事件を「ただの経済行為」と断じた経済部長▽サンゴ事件の怪▽酒がないと書けないスター記者▽スクープ「中国高官の手記」が創作だったお粗末▽「お巡りとブンヤは入れないが家訓」の財界人邸▽反論されて不快がる国民的作家等々のゴシップに次ぐゴシップ集になっている。黒岩涙香の「萬朝報」以来、ゴシップこそ新聞の原型であることは言うまでもない。

ついでながら『選択』六月号に、この本の紹介を朝日新聞の社内報編集部が拒否したというゴシップが出ていた。みっともない姿を書かれた連中がいるから、太鼓持ちどもがまた忖度したに違いない。

しかし「楽しかった」という在社三十六年の見聞記で賞金を貰えて、永栄は果報者である。

●『太宰治全集第三巻』(筑摩書房、一九九九年)▽『ブンヤ暮らし三十六年——回想の朝日新聞』(永栄潔著、草思社、二〇一五年)

鶴見俊輔の心構え

この夏から秋への新聞歌壇には、安保法制づくりをごり押しした安倍政権の政治手法への批判と、ために痛めつけられた憲法第九条への思いを込めた作が多かった。

〈戦いを放棄したるこの国が戦前となる九・一九〉鬼形輝雄

あるいは、

〈憲法を踏みにじられたこの国で社会科の教師である虚しさ〉中村岳夫

あるいはまた、

〈永久とは七十年なるかぐらつきし憲法九条祈るごと読む〉沓掛喜久男

「国権の発動たる戦争と、武力による威嚇又は武力の行使は、国際紛争を解決する手段としては、永久にこれを放棄する」という条文は今や反故と化した。日本は時の首相が決断すれば、「戦争をする国」になったのである。

米空母艦載機の操縦席に座り、さも嬉しげだった首相は「一億総活躍」と言い出した。これがいつ「一億総動員」から「一億総玉砕」になるか分かったものでない。

「一億同胞が悉く戦闘配置につく、従来の行掛かりを捨てて、身を挺して各々その全力を尽くし、以って国難を克服突破すべき総力戦の時期が正に到来したのであります」(一九四三年十月二十一日、学徒出陣式での東條英機首相訓辞)というような日の再来は先としても、集団的自衛権行使で動員される自衛隊の出陣式は近いだろう。

戦場へ赴き、そこではいつ戦闘状態に入るかも知れず、殺すか、殺されるかの岐路に立たされるのは必至である。殺せ、と命じられたら、きみは「敵」を殺すか。

「殺さない。殺せと言われたら自分が死ぬ」と言ったのは哲学者鶴見俊輔である。晩年の著作『戦争が遺したもの』にその詳細が語られる。この本は四八年生まれの社会学者上野千鶴子と六二年生まれの歴史社会学者小熊英二を相手に交わした問答の記録である。

太平洋戦争中、鶴見は軍属としてジャカルタ在勤海軍武官府にいた。二十歳だった。軍属は武器を持たない。しかし敵が来て銃を与えられたらどうするか。

どだい戦争目的を信じていない。従って「敵と戦って殺人をするということはしたくない。だから残る選択肢は、上官に向かって銃を向けて反抗するか、自分に向けて自殺するか、そのどっちしかない」。

そして自殺しかないという断案に至る。銃のない場合に備えて、ひそかにアヘンを集めて隠匿した。「人を殺す立場になる前に、それを飲んで自殺しよう」。

白兵戦で弾丸が当たるか掠めるかは生死を分けるだろう。しかし人には運不運がつきものだ。捕虜殺害事件が起きた。病気の捕虜を薬がないから殺せとなったのだ。命令を鶴見の隣室の軍属が受ける。毒薬と拳銃を持たされて彼は捕虜を連行して行った。戦後、事件は戦犯裁判にかけられる。

「その命令は、たまたま私に下らなかっただけなんですよ。命令を受けた軍属は、私の部屋にいたんだからね。運次第では、どうなっていたかわからないんだ」

戦場ではいざというとき自決する心構えが要る。この覚悟を秘めて鶴見は軍属の境遇を耐える。

この問題は、戦後も鶴見を悩ます。あのとき、自分に「敵を殺せ」という命令が下ったらどうしていただろうか。「一思いに自殺したと思いたいが、恐怖に屈して命令をきいてしまったかも知れない」。

考え抜いた結論は、こうだ。

「『自分は人を殺した。人を殺すのは悪い』と、一息で言えるような人間になろう。それが自分としての最高の理想で、それ以上は自分に対して立てないし、他人に対しても要求しない」

鶴見は「声なき声の会」や「ベトナムに平和を！　市民連合」の中心を担うが、「『殺人をさける』というのが私の反戦の根本原理だ」という立場を終始鮮明にする。

「私は上層の出だ」と二二年生まれの鶴見は言う。政治家鶴見祐輔を父に持ち、母方の祖父は後藤新平。「俊輔」は伊藤博文の幼名である。末は総理大臣にと期待が込められてのことだったろうに「私は政治家の四代目。だから政治家は大嫌いなんだ」と公言する。

父の俗物性と母の過剰な愛着に耐えきれず、小学校から万引きはやるわ、遊郭に出入りするわ、女遊びにふけるわ、自殺を図るわ。中学校を二つ、放校になった。ただし一万冊からの本を読破した。

父に言われて十五歳で渡米。にわかに変貌して猛勉強し、十七歳でハーバード大学に入学。こんどは優等生になった。日米戦争中、ＦＢＩに無政府主義者の容疑で逮捕され収監。だが留置所で論文を書き上げて卒業。交換船で帰国する。日本敗戦を予想し、「負ける側にいたい」と考えたのだという。

若年時からの葛藤と煩悶、鬱屈と苦闘からの脱出といった経緯を、八十二歳の鶴見はこの本で聞かれるまま驚くほど率直に述べている。

ことし七月、九十三歳で死去した鶴見への誄辞で、上野は「どんな直球の質問にも答えをそらさなかった。思いあまって詰問調になったときには、空を仰いで絶句なさった。その誠実さに、わたしは打たれた」と書いているが、この鶴見の「誠実さ」は得難い。不誠実な老人が多すぎるのである。

生来のジャーナリストでもあった。事態を明確に要約してみせる能力において他に比類なく、人を見る目は頗る的確で辛辣だった。

例えば六〇年安保の岸信介を、「悪役のスター役者」と評する。

「元A級戦犯で、東條内閣の商工大臣で、開戦の詔勅に署名して、東大出の元高級官僚で、満州国をつくって、追放解除のあとは病気で退いた石橋に代わってのし上がってきた。それが、アイゼンハワー大統領が訪日する日程に合わせて、おみやげにするために安保を強行採決。あれ以上の悪役というのは、日本の近代史にどれだけいたのかというくらいですよ」

その祖父を尊敬する孫は履歴では数等劣るが、世襲のおかげで首相にのし上がった。祖父を真似てアメリカに追従して強行採決までしたが、鶴見ならどう評言したであろうかと考える。

●『戦争が遺したもの――鶴見俊輔に戦後世代が聞く』（鶴見俊輔・上野千鶴子・小熊英二著、新曜社、二〇〇四年）

『戦争と平和』再読

ひどい目に遭った。

穏やかで静かな平和が崩れて、ちょっとした戦争だった。

マイクロソフトのせいである。

勝手に到来する更新何とやらが悪さをして、パソコンが働かなくなった。対応窓口に電話で聞いて復旧を図るうち、出荷時の状態へ戻す羽目に陥った。全データ消失で、電子郵便の山も住所録も何もかもなくなってしまった。

病院さながら長時間待たされたうえ、機械にとんちんかんなのがおずおず操作するのだから大変である。一つをやり、電話を切り、次の作業でひっかかる。また電話する。待たされる。オフィス何とやらというパソコンの中に入っているやつを入れ替えたが、今度は原稿を書くのに使うワード何とやらが不調らしく文字が思うように記せない。

ワープロ以来、長年キーボードで書いてきた。思えば、茫々半世紀近く以前、新聞に入ったころはざら紙に鉛筆だった。技術革新は筆法に及んだ。便利さに慣れて、今さら手で書くという動作に戻れない。引っ掻くように書くことの重要性をつとに強調する書家石川九楊に嗤われそうだが仕方ない。

マイクロソフトに何度も電話してやっと原因が分かった。と言っても、何が知れたわけでもないが、平和を取り戻すのにだいぶん時間がかかってしまった。

締め切り間際、あわてふためきながらこれをものしている。

ことしの国民的話題は「戦争と平和」だった。これはひとえに、姑息な手で憲法九条を骨抜きにした為政者のせいだったが、新聞、放送ではさまざまの「戦争と平和」が語られたことだった。

ふと思いついて夏から秋にかけ、トルストイの『戦争と平和』を開いた。十八歳のころに一応最後まで読んだが、おおよそのことは忘れていたから世話はない。それでも、庶子から莫大な父の遺産を継いだのち、フランス軍の捕虜となって出会った百姓によって変貌を遂げるピエールや溌溂とした少女からどっしりした主婦に成長するナターシャ、アウステルリッツの戦場で重傷を負って倒れ、見上げた青い空に「幸福」を感じるアンドレイ公爵、鈍重に見えて大胆なクトゥーゾフ将軍、そして卑小なナポレオンなど、読み進めるうちに旧知と再会した気分だったから再読というのも面白い。

戦が始まれば、広い戦場を敵味方が右往左往するばかりで、司令官の命令、意図、思惑といったものは何の効果もない。そうトルストイは言う。勢いがあるかどうか。フランス軍がロシア軍を圧倒していったのは、ナポレオンの天才的な指揮があったのだという俗説をあっさり否定するのである。

トルストイは随所で歴史について講釈を垂れている。まるで大演説だ。そう言えば、司馬遼太郎も小説に講釈を施してやまない。大作家には「講釈好き」という嗜好があるのだろうか。晩年は国民的説教師となった司馬だったが、その土方歳三や坂本竜馬は生彩を放っているのに反し、講釈のくだりは煩わしかった。

むろん講釈を有難がる読者もいるだろう。読書法も人それぞれである。戦前戦中の読書人中江丑吉などは、『戦争と平和』をこういう風に読んでいたと伝えられる。

第二次大戦中、ドイツ軍がロシアとの国境に迫っていたとき、若い友人に向かって中江は、「日本の新聞は実に馬鹿だ」と切り捨てるように言った。テーブルの上にポーランドの地図が広げてある。

「国境の二寸ばかり下に〇〇という町があるから探してみな。そこにヒトラーのこれこれの主力がいる。それが右へ一寸五分ぐらいの位置にある××の要塞を落とそうというんだが、馬鹿新聞は一週間だろうと言ってるんだがね。そこの河沿いの道は狭くて重戦車の歩ける道じゃない。脇のほうはいま雪が溶けて泥沼だ。ただ通過するだけで一週間どころじゃない」

中江は北京へ渡ってからは終生を彼の地で過ごし、ヨーロッパへ行ったことはない。地図には『戦争と平和』やナポレオン戦史を読んだときにつけたものらしい印が点在していた。それをもとに新聞を「馬鹿」と批判したのである。

中江はまた太平洋戦争が始まると同時に日本の必敗を明言し、ソ連の本音を先刻承知のごとく、ソ連軍がやって来る際の進行路はこうこうだと予言したが、その根拠は『漢書匈奴伝』であったというから恐れ入る。わたしみたいなずさんな読み方とは大違いである。

「ある日、人は戦争に直面する」と書いたのは、精神科医中井久夫である。中井に「戦争と平和」についての論考がある。なぜ戦争をするのか、なぜ平和は長続きしないのか。敗戦のとき小学六年生だった中井が「戦争の現実の切れ端を知る者」として書いた文章である。十年前、中井七十一歳のときに発表され、いちど文集『樹をみつめて』に収められたのを抜いて、他の発言とともに一本にした。

十年ひと昔前、「戦後レジーム脱却」を呼号する安倍晋三内閣が出現した。いったん退場したのが再登場し、今度はしゃにむに日本を「戦争のできる国」に転換させた。こういう状況に対する恐れと危機感が、「私の基礎には、戦争と戦後民主主義の体験があり、憲法がある」と言う中井にはあるのだと思われる。

「戦争を知る者が引退するか世を去った時に次の戦争が始まる例が少なくない」と書いている。「一九四一年に太平洋戦争が始まった時、三六年前の日露戦争の現実を知る者は連合艦隊司令長官・山本五十六独りであって、首相の東條英機は日露開戦の時士官学校在学中であった」

安倍は戦争を知らない。

〈わが首相空母に乗ってはしゃいでる兵隊ごっこしたきか彼は〉増田邦夫。

戦争は「過程」であり、平和は「状態」である。「過程」は理解しやすく、「状態」はつかみどころがない。戦争の酸鼻な局面をほんとうに知るのは生者にはいない、死者のみである。

この本のなかには考え込ませる重大な指摘が数々ある。

●『戦争と平和』1〜6（トルストイ著、藤沼貴訳、ワイド版岩波文庫、二〇一四年）▽『中江丑吉の人間像——兆民を継ぐもの』（阪谷芳直・鈴木正編、風媒社、一九七〇年）▽『戦争と平和　ある観察』（中井久夫著、人文書院、二〇一五年）

あとがき

少年のころ、わたしの友は風野又三郎であった。転校生であったから、新しい学校にすぐに友だちはいなかった。休み時間にみんなが楽しそうに遊んでいるのを横目に、わたしは孤独だった。いや孤独ではなかった。宮澤賢治を開いて、赤い髪の風野又三郎を呼び出せば、わたしには語り合う友がいたのである。

どっどどどどうど　どどうど　どどう、
ああまいざくろも吹きとばせ
すっぱいざくろもふきとばせ
どっどどどどうど　どどうど　どどう

又三郎と一緒にわたしは歌った。それを見ていったいこいつは何だ、という顔をされた。こどもだからやがて時間とともに友だち関係らしいものはできるが、わたしの友はまず第一に風野又三郎だった。又三郎はどこからか来て、どこかへと去って行く。実際わたしも小中高とも一つの学校で全うすることなく、離ればむかしの級友たちとは疎遠になっていった。その後同窓会の類に一切行かないので、旧交を暖めることもなかった。彼らとは縁がなかったと思うのである。

縁のあった風野又三郎は本の中にいた。いまも書棚から抜き出せば、風のように現れる。

そして大人になってからも何かしら気分のふさぎ込むようなとき、わたしに対して又三郎は、例えばこう言うのだ。

「お前たちはだめだねえ。なぜ人のことをうらやましがるんだい。僕だってつらいことはいくらもあるんだい。お前たちにもいゝことはたくさんあるんだい。僕は自分のことは一向考へもしないでうらやんだり馬鹿にしてゐるやつらを一番いやなんだぜ。僕たちの方ではね、自分を外のものとくらべることが一番はづかしいことになってゐるんだ。僕たちはみんな一人一人なんだよ」

人間はみんな一人一人なのだと教えてくれた又三郎以来、わたしの友は常に本の中にいた。

×　×　×

与謝野鉄幹の「人を恋うる歌」にいう。

妻をめとらば才たけて
みめ美わしく情けある
友を選ばば書を読みて
六分の俠気四分の熱

わたしの場合は「友を選ばば書の中に」ということになる。

突然だが最近、原節子と友になった。

十四歳で映画界に入った原節子はまさに日本を代表する女優であったが、四十二歳で人知れず引退したあと世間との交渉を断ち、ひたすら沈黙した。女優としての二十八年間のほとんど倍近い歳月を隠れて生き、一五年九月に九十五歳で永眠したが、没後に改めて知ることが多かった。

その中でとりわけ印象深かったのは、彼女がすこぶる本好きであったということである。小学生のころから、運動場で遊ぶほかの子たちをよそに図書館に通っていたという原節子は、もし実家が世界恐慌のあおりで没落することがなかったなら、好むところではなかった女優になることはなく、志望どおり学校の先生になっていたろう。

撮影所で原節子はいつも文庫本を手にしていた。待ち時間、彼女はきちんと他の俳優の演技を見ているか、本を読んでいるかのどちらかであった。ある人が「原さんはどうして、そんなに本がお好きなんですか」と聞いたことがあった。すると原節子は本から顔を上げ、静かにこう答えたという。「私はね、女学校をやめて十四歳からこういう仕事をしているでしょう。だから勉強しなくてはいけないのよ」。

彼女の本好きは晩年まで尽きることがなく、これはという本を新聞の書評欄で見つけては切り抜いて同居の親族に「これ買ってきて」と頼み、読みふけっていたという。

そんなことをこの春に出た石井妙子著『原節子の真実』で知り、さっそくわたしは原節子を友人録に追加することにした。

風野又三郎から原節子まで、わたしの交友範囲は広いのである。

×　×　×

年を取ってくると、若いころはばかにしていたことわざの類で腸《はらわた》に沁み込んでくるものがある。例えば、光陰矢の如し。それから、縁は異なもの味なものというやつがそうである。

月刊の会員雑誌『選択』に「本に遇う」と題して埒《らち》もないことを書き出したのは前世紀末、二〇〇〇年一月号からであった。以来、十五年の歳月が過ぎた。振り返ってみると、光陰は文字どおり矢の如く去って行った。

縁は異なものということわざは、男女の仲のことをいうと辞典にはあるが、無論これは人と人との出会い一般について言えることであろう。もう十六年も昔のことになるが、突然『選択』創刊者の一人であった湯浅正巳さん（故人）の来訪を、当時勤めていた新聞社に受けたことが機縁であった。全くの初対面である。湯浅さんは「何か本について書きませんか」と言い、わたしは「承知しました、何か書きましょう」と応じたのであったが、まことに鷹揚と言うか、あれこれ細かなことを言わないところが清々していた。

だれかにわたしの名前を聞いたのだというようなことを湯浅さんはちらと言ったが、名前を耳にしたとしても、わざわざ足を運んで来ることがなければ、わたしと『選択』との縁は生じようがなかった。生じなければ、月に一度、文章を書くことはなかっただろうし、ましてやそれを十五年以上も続けるなぞということはあり得なかった。思えば、縁とは不思議なものと言うほかはない。

× × ×

二〇一〇年二月に新聞を辞めた。それで〇〇年から〇五年までの六年分に『酒と本があれば、人生何とかやっていける』と外題をつけて一〇年の八月に、〇六年から一〇年までの五年分に『夜ごと、言葉に灯がともる』とつけて同じ年の十二月にそれぞれ本にした。いずれも編集は旧友小川哲生の手を煩わせ、出版は小川の友である杉山尚次さんが引き受けてくれた。あれから五年が過ぎた。一一年から一五年までの分をここに一冊にまとめることにした。アベノミクスの恩恵もなく、長らく不況のつづく出版界にあって採算を無視した両君の献身的努力を、「経済不知」を自認する著者はただのほほんと眺めているだけなのである。友だちは、やはり選ぶべきものだと思われる。『本に遇うⅢ』の外題は『持つべき友はみな、本の中で出会った』とした。本文中の敬称は勝手ながら省略した。了とされたい。

×　×　×

それにしても大変な五年間であった。何百年に一度かという大地震に見舞われ、わたしも被災者になった。せっかく政権交代したというのに未熟な民主党が失政を重ねて有権者に愛想尽かしされ、自民党の復権を許した。天界、地界、人界を問わず大激動の時代に入った観がある。大地震のあおりで福島では原子力発電所が炉心溶融を起こし、復興の見通しは全然つかない。

こういう時こそ政治の力が必要だが、権力を取り返した自民党の安倍第二次政権は「下駄の裏の雪」の公明党を引き連れて、なすべきことと取り組むよりも「戦後体制の終息」という執念の目的邁進のために懸命で、憲法改定が容易でないとみるや、奇策を弄して憲法九条を骨抜きにして、この国を「戦争をしない国」からアメリカに言われれば「戦争をする国」に変えるということをやってのけた。

そしてまた、こういう時こそジャーナリズムが鋭く政治を牽制しなくてはならないのに、どうにも緩慢で鈍い動きしか出来ないのはどうしたことか。鈍感さは記者の行状にも明らかで、「首相動静」を見るだけでも新聞各社の政治専門と称する連中が頻繁に首相を囲む酒席に出ている。もちろん身を落としても相手の懐に飛び込んで明らかにすべきものを引き出してくるというのなら理解できる。だがそのような記事はついぞ見ない。ただ酒を呑んで腹をぽんぽこ叩きながら権力者に擦り寄るだけなら、そいつは政治記者にあらず、政治芸者ではないか。嘆かわしい景色である。

長年新聞にいたから、時局の動きに感応するくせが抜けない。ついその時々の政治や社会の状況に応じるような文章が多くなってしまったかも知れない。わたしなぞ吹けば飛ぶようなものと承知しているが、しかしその時々、いま、ここで、言わねばならないという気持ちに駆られて書いたものも少なくない。文章が形容詞から腐るように、ジャーナリズムの主題は腐りやすい。時が移ろい、人が来ては去り、かつては話題となったことが今では関心を引かないというものもあろう。

大地震による液状化で傾いた家で読み直した桐生悠々がうめくがごとく述べていたのを想起する。ジャーナリストというのは、言いたいことを言うのではない。言わねばならないことを言うべきなのだ。政治が危ない方向へ民衆を引っ張って行こうとしている今日ほど、ジャーナリズムとジャーナリストの存在理由が問われている時はない。老残の記者として、わたしはそう思っている。ときに暗澹たる気分に陥る。それでも一片の希望を消したくはないのである。誰かが言ったように、希望するとはほとんど生きることなのだから。

末筆ながら前二巻と同じく装丁していただいた菊地信義さんに感謝申し上げる。

二〇一六年初夏

浦安の寓居にて

河谷史夫

ハ行

マ行

ヤ行

ラ行

ワ行

タ行

ナ行

書名索引

ア行

カ行

サ行

[著者紹介]

河谷史夫（かわたに・ふみお）

1945年生まれ。早稲田大学第一政治経済学部政治学科卒業。

70年、朝日新聞に入り、社会部、社会部デスクを経て企画報道室編集委員、編集局特別編集委員、論説委員、2010年、退社。

社会部時代は警察、教育、公費天国批判キャンペーン、農政などを担当。「幻の童謡詩人・金子みすゞの発見」を報じる。また、昭和天皇死去の前後、東京に広がった自粛の風景を連日「自粛の街を歩く」という詳細なルポにした取材班のデスク兼キャップ。

92年から2年4カ月、コラム「きょう」を担当。94年4月から7年、書評委員を務め、2003年1月から5年、コラム「素粒子」を書いた。

現在、朝日新聞社社友。夢の庭画廊（上田）友の会会長。

著書に『読んだふり』（洋泉社）、『一日一話』（洋泉社・新書ｙ）、『何度読んでも、いい話』（亜紀書房）、『新聞記者の流儀』（『記者風伝』を改題、朝日文庫）、『酒と本があれば、人生なんとかやっていける』（言視舎）、『夜ごと、言葉に灯がともる』（彩流社）など。

編集……………小川哲生、田中はるか
DTP制作………勝澤節子

本に遇うⅢ
持つべき友はみな、本の中で出会った

発行日❖2016年5月31日　初版第1刷

著者
河谷史夫

発行者
杉山尚次

発行所
株式会社**言視舎**
東京都千代田区富士見2-2-2　〒102-0071
電話03-3234-5997　FAX 03-3234-5957
http://www.s-pn.jp/

装丁
菊地信義

印刷・製本
中央精版印刷㈱

ISBN978-4-86565-053-2 C0095

言視舎刊行の関連書

飢餓陣営叢書1
増補　言視舎版
次の時代のための吉本隆明の読み方
村瀬学著　聞き手・佐藤幹夫

978-4-905369-34-9

吉本隆明が不死鳥のように読み継がれるのはなぜか？　思想の伝承とはどういうことか？　たんなる追悼や自分のことを語るための解説ではない。読めば新しい世界が開けてくる吉本論、大幅に増補して、待望の復刊！

四六判並製　定価1900円＋税

飢餓陣営叢書2
吉本隆明の言葉と「望みなきとき」のわたしたち
瀬尾育生著　聞き手・佐藤幹夫

978-4-905369-44-8

３・１１大震災と原発事故、９・１１同時多発テロと戦争、そしてオウム事件。困難が連続する読めない情況に対してどんな言葉が有効なのか。安易な解決策など決して述べることのなかった吉本思想の検証をとおして、生きるよりどころとなる言葉を発見する。

四六判並製 定価1800円＋税

飢餓陣営叢書3
生涯一編集者
あの思想書の舞台裏
小川哲生著 構成・註釈 佐藤幹夫

978-4-905369-55-4

吉本隆明、渡辺京二、田川建三、村瀬学、清水眞砂子、小浜逸郎、勢古浩爾……４０年間、著者と伴走してきた小川哲生は、どのようにして編集者となり、日々どのような仕事のやり方をしてきたのか。きれいごとの「志」などではない、現場の本音が語られる。

四六判並製　定価1800円＋税

飢餓陣営叢書4
石原吉郎
寂滅の人
勢古浩爾著

978-4-905369-62-2

壮絶な体験とは、人に何を強いるものなのか？ラーゲリ（ソ連強制収容所）で八年間、過酷な労働を強いられ、人間として、体験すべきことではないことを体験し、帰国後の生を、いまだ解放されざる囚人のように生きつづけた詩人・石原吉郎の苛烈な生と死。著者「幻の処女作」ついに刊行！

四六判並製　定価1900円＋税

飢餓陣営叢書5
徹底検証　古事記
すり替えの物語を読み解く
村瀬学著

978-4-905369-70-7

「火・鉄の神々」はどのようにして「日・光の神々」にすり替えられたのか?　古事記を稲作共同体とその国家の物語とみなすイデオロギーに対し、古事記は「鉄の神々の物語」であるという視座を導入して、新たな読みを提示する。

四六判上製　定価2200円＋税

言視舎　評伝選
渡辺京二

978-4-86565-048-8

人類史のスパンで世界史を見据える歴史思想家の全貌。渡辺京二が一貫して手放さなかったものは、歴史の必然性という概念に抵抗してきたことだ。その初期から現在に至る全著作を読み解き、その秘密に迫る本邦初の評伝。

三浦小太郎著

四六判上製　定価3000円＋税

978-4-905369-23-3

熊本県人

言視舎版

渡辺京二の幻の処女作　待望の復刊！著者の現在の豊かさを彷彿させ、出発点を告げる記念碑的作品。「熊本県人気質」の歴史的な形成過程を丹念に掘り起こし、40年経った今なお多くの発見をもたらす力作。

渡辺京二著

四六判並製　定価1600円＋税

言視舎　評伝選
竹内敏晴

978-4-86565-024-7

「からだ」と「ことば」の復権を求めて――「生きること」を「からだ」で追い求めたレッスンする哲学者の生涯の全貌に迫る。

今野哲男著

四六判上製　定価2900円＋税

飢餓陣営叢書6
〈戦争〉と〈国家〉の語りかた
戦後思想はどこで間違えたのか

978-4-905369-75-2

語るべきは<私たちの戦争>であり、<私たちの基本ルール>である。吉本隆明、丸山眞男、火野葦平、大西巨人、大江健三郎、松下圭一など戦後日本を代表する論者の〈戦争〉と〈国家〉に関する思考に真正面から切り込み、戦争と国家を語る基本的な枠組みを提出。

井崎正敏著

四六判上製　定価2000円＋税

飢餓陣営叢書7
橋爪大三郎のマルクス講義
現代を読み解く『資本論』

978-4-905369-79-0

マルクスの「革命」からは何も見えてこないが、『資本論』には現代社会を考えるヒントが隠れている。世界で最初に書かれた完璧な資本主義経済の解説書『資本論』について、ゼロからの人にも知ったつもりの人 にも、目からウロコが落ちる「橋爪レクチャー」。

橋爪大三郎著　聞き手・佐藤幹夫

四六判上製　定価1600円＋税